DE LA TRADITION

EN DROIT ROMAIN ET DANS L'ANCIEN DROIT,

ET

DE LA TRANSCRIPTION

EN MATIÈRE HYPOTHÉCAIRE,

PAR

M.-J. BRANET,

AVOCAT A LA COUR IMPÉRIALE.

VERSAILLES,

BEAU Jne, IMPRIMEUR-LIBRAIRE,

RUE DE L'ORANGERIE, 36.

—

1857

A MON PÈRE!

—

A MA MÈRE!

DROIT ROMAIN.

DE LA TRADITION.

Droit civil et Droit des gens, ce sont là les deux termes d'une division, qui se partagea, aux différentes époques, presque tout le domaine des institutions juridiques de Rome : le droit civil ou droit de la cité, droit exclusivement propre aux citoyens romains; le droit des gens, ou droit commun à tous les hommes, quelle que soit la nationalité de ceux qui l'invoquent. Nous n'avons pas à préciser les limites de cette division, ni à déterminer l'étendue de chacune de ses branches, sous les diverses phases de la législation romaine. Il nous suffit de savoir que, dans son cadre, rentraient les différents modes d'acquisition de la propriété. Au droit civil, appartenaient la mancipation, avec le *libripens*, avec *l'æs et libra*, et *la cessio in jure* avec ses formules fictives (1). Au droit des gens se rattachait la tradition affranchie de tout appareil, abandonnée à la simplicité naturelle de ses formes.

C'est à l'étude de cette dernière, que nous allons consacrer la première partie de notre travail. Qu'est-ce que la tradition, quels sont les éléments dont elle se compose, quelle a été, aux diverses époques, sa sphère d'application ? Telles sont dans leur plus grande généralité les questions que nous avons à résoudre.

CHAPITRE PREMIER.

Nature de la tradition. — Ses éléments constitutifs.

La tradition a été depuis longtemps définie : *la remise de la possession*. Mais, pour que cette définition devienne intelligible, il est indispensable de dire ce que c'est que la *possession*. Ce que c'est que la possession, l'étymologie du mot lui-même nous l'indique : *posse-possidere*. Possé-

---

(1) Nous ne parlons que des modes d'acquisition conventionnels.

der une chose, c'est avoir une chose sous sa puissance, c'est se trouver à même d'exercer sur elle une action exclusive de toute action étrangère.

Voilà quant au fait matériel contenu dans l'idée de possession. Mais, outre ce fait extérieur, il y a encore un fait purement psychologique, et qui consiste dans l'intention qu'on a de traiter comme sienne la chose que l'on détient. En un mot, la possession, selon le langage des juris-consultes romains, se compose de deux éléments: le *corpus* et l'*animus* (1).

Si de ce court exposé de la possession, on rapproche la définition que nous avons donnée de la tradition, on en conclura nécessairement que les éléments qui se trouvent dans l'une, doi-vent aussi se rencontrer dans l'autre. Mais, à ces éléments suffisants pour constituer la posses-sion, acte simple et purement personnel, il faut évidemment en ajouter d'autres, quand il s'agit de la tradition. La tradition est, en effet, une opération qui suppose l'intervention de deux

---

(1) Adipiscimur possessionem corpore et animo, neque per se animo, aut per se corpore. L. 3, § 1, *de poss.* — Posses-sionem adquirimus et animo et corpore. Paul, v, 2, § 1. — L. 8, D., *de poss.* — L. 153, *de R. J.*

parties contractantes, et dès lors, pour que la transmission de la propriété se réalise, il faut de toute nécessité que le *tradens propriétaire* et *capable* y consente.

Après ces notions générales, examinons avec plus de détail ce que c'est que le *corpus*, et l'*animus* dans la tradition.

SECTION PREMIÈRE.

Du corpus, *ou du fait matériel dans la tradition.*

Rien ne paraît plus facile que de déterminer la nature de l'acte corporel qui sert de base à la tradition, et pourtant, il n'est guère de point qui ait été plus mal saisi, plus mal interprété par les anciens commentateurs.

Tous ont fait consister l'*appréhension* dans le *contact immédiat* de la chose, et par conséquent, ils n'en ont reconnu que deux espèces, l'une consistant à saisir avec la main la chose meuble, l'autre à mettre les pieds sur les immeubles. Mais, comme en dehors de ces cas, il y en avait d'autres et en bien plus grand nombre, dans lesquels il y avait transmission de la possession, ils eurent recours pour les expliquer à de prétendues fictions.—De là deux sortes de traditions : la tradition réelle, et la tradition feinte (*apprehensio ficta, actus adscititius*) (1). Cette dernière fut, à son tour, considérée comme un genre, qu'ils subdivisèrent en plusieurs espèces, et c'est ainsi qu'ils distinguèrent : la tradition *longæ manus*, la tradition *brevis manus*, la tradition *symbolique* et la tradition *feinte* proprement dite, ou résultant de clauses apportées à certains contrats (2).

M. de Savigny dans son inestimable traité sur la possession, a victorieusement réfuté cette fausse théorie, que les interprètes du droit romain s'étaient, de confiance et sans autre examen, transmis des uns aux autres. C'est qu'en effet, elle se trouve démentie par les textes et le raisonnement. Et d'abord, si l'on compare ces prétendues fictions, avec celles que l'on rencontre dans les autres parties du droit romain, on est forcé de convenir qu'elles sont dépourvues de ce caractère d'originalité primitive qu'on rencontre dans les fictions romaines en général. Et puis, d'après cette théorie, la tradition réelle,

---

(1) Azon, *Summa in cod. tit. de poss.*, n. 7-8 (fol. 134). — Doneau, *Comment.*, v, 9.

(2) Pothier, *De la propriété*, 168.

c'est-à-dire celle qui s'opère par l'appréhension corporelle, eût été la règle, la tradition feinte l'exception. Or, c'est précisément le contraire qui ressort des textes relatifs à notre matière, et le bon sens seul suffirait pour le démontrer. Qui ne voit en effet, qu'en fait d'immeubles principalement, la tradition réelle, telle que l'ont entendue les commentateurs, est, en pratique, à peu près impossible? Enfin, si la nécessité du contact immédiat eût été la règle, comment les jurisconsultes romains ne se seraient-ils pas aperçus des dérogations nombreuses qu'ils y apportaient? Comment ne les auraient-ils pas constatées, eux, dont la logique formaliste allait quelquefois jusqu'à l'exagération? C'est que toutes ces distinctions ne leur appartenaient pas; c'est qu'ils considéraient toutes les espèces, qu'ils nous ont laissées, comme l'application d'une même idée qu'il s'agit maintenant de déterminer.

Or, quelle est l'utilité, quel est le but de l'acte extérieur dans la tradition? C'est, nous l'avons déjà dit, de soumettre la chose au pouvoir, à la puissance de l'*accipiens*. Sans doute, l'hypothèse dans laquelle ce pouvoir se manifeste de la manière la plus parfaite, est celle où je saisis réellement la chose que l'on me livre. Mais, est-ce à dire que ce soit la seule, et qu'on soit obligé de recourir à des fictions pour expliquer les autres? Evidemment non; il est, en effet, bien d'autres circonstances qui peuvent me mettre à même d'agir aussi directement sur la chose. C'est ce que nous allons établir en passant en revue les différents cas de tradition feinte.

Traditio longæ manus. — Voici l'espèce au sujet de laquelle Javolenus emploie cette expression : Vous me devez de l'argent, ou toute autre chose mobilière; vous déposez l'objet dû en ma présence : immédiatement la propriété m'en est acquise, parce que, dit le texte, *quodammodo manu longa res tradita existimanda est* (1). Les commentateurs ont indiqué d'autres applications de cette prétendue fiction, par exemple, le cas où mon vendeur me montre du haut d'une tour voisine, le champ qu'il m'a vendu (2). Que voir dans ces deux décisions? des fictions? Pourquoi donc? Dans les deux cas, l'*accipiens* n'exerce-t-il pas un pouvoir réel sur la chose? La possibilité où il se trouve de se mettre en contact immédiat avec elle, ne l'en

____

(1) Javolenus, l. 79, *de solution.*
(2) L. 18, § 2, *de acquir. poss.*

rend-il pas le maître absolu? Comme dans le cas d'appréhension matérielle, n'a-t-il pas la faculté d'écarter toute action étrangère? Reconnaissons donc qu'ici les fictions n'ont existé que dans l'imagination des commentateurs.

Traditio brevis manus. — Ici, le langage des interprètes n'est pas complétement inexact. Il est incontestable, en effet, que dans le texte, où il est question de la tradition *brevis manus* (1), il s'agit effectivement d'une et même de plusieurs traditions feintes. Voici l'espèce : Titius, créancier de Primus, futur mari, veut faire une donation à la future épouse, et pour cela, il a fait acceptilation à Primus. Si le mariage a lieu, rien de plus simple : la femme, à la dissolution du mariage, aura l'action *rei uxoriæ* pour la répétition de la dot, à moins que Titius ne se soit réservé le droit de la reprendre à cette époque. Mais si le mariage n'a pas lieu, le futur mari, dit le texte, ne sera pas libéré, et par conséquent Titius conservera son action contre lui, *à moins que à tout événement, il n'ait voulu faire une donation à la femme.* Si l'intention de Titius, à cet égard, est constatée, Primus sera libéré de sa dette, mais il

___

(1) L. 43, § 1, *de jure dot.*

sera tenu envers la femme par la *condictio sine causâ*. — Mais, pour qu'il en soit ainsi, il faut supposer trois traditions successives : 1° de Primus débiteur à Titius créancier ; 2° de Titius à la femme ; 3° de la femme à Primus. Sans cette triple fiction, la femme acquerrait une condiction par une personne étrangère, c'est-à-dire par une personne qui n'est pas soumise à sa puissance, ce qui est impossible.

Voilà donc l'existence de la tradition *brevis manus*, comme tradition feinte, parfaitement constatée. Les lois 15 de *rebus creditis*, et 34 *mandati*, nous offrent même un autre exemple de cette fiction ; c'est l'hypothèse, où venant m'emprunter de l'argent, j'ordonne à mon débiteur de vous donner celui qu'il me doit. Comme on ne peut donner en *mutuum* que ce dont on est propriétaire, il faut supposer, pour la validité du contrat, que mon débiteur m'a d'abord livré les écus que je vous ai prêtés ensuite. On voit donc apparaître encore ici la nécessité d'une fiction. Mais, les commentateurs ont eu le tort d'en étendre l'application. C'est ainsi, qu'ils ont voulu voir une tradition *brevis manus*, dans l'hypothèse, où je veux transférer la propriété d'une chose à quelqu'un qui se trouve l'avoir par devers lui à titre de

prêt, de dépôt, de louage. L'emprunteur, le
dépositaire, le locataire, ont-ils dit, sont censés
rendre la chose au propriétaire, qui ensuite
leur en fait tradition. Mais, à quoi bon recourir
à toutes ces complications? Le fait matériel,
la détention, existait déjà; si à elle, vient se joindre la volonté du propriétaire, il y aura donc
transmission de la possession, et par suite translation de la propriété. Et alors, si on considère
seulement l'opération, au moment où inter-
vient la volonté du propriétaire, on dira avec
Gaïus (1), que cette volonté suffit seule pour
transférer la propriété; si, au contraire, on a
égard aux deux époques, *utrumque tempus
et quo res incipit teneri corpore, et quo nunc
incipit animo teneri,* on dira tout aussi exac-
tement avec *Doneau* (2), que, dans ce cas,
comme dans tous les autres, la possession s'acquiert par le fait et l'intention.

Tradition *symbolique.* — Les commentateurs
avaient vu une tradition de ce genre, dans
l'hypothèse, où vous ayant vendu des marchandises, je vous livre les clefs du magasin qui les
renferme. Ici, disaient-ils, on a livré, non les

(1) L. 9, § 5, *de acq. rer. dom.*
(2) Doneau, l. v, cap. ix, § 14.

marchandises elles-mêmes, mais quelque chose qui les représente; dans l'espèce, ce sont les clefs qui sont le symbole des marchandises. — Mais, n'est-ce pas encore une supposition purement gratuite ? Si la remise des clefs suffit pour qu'il y ait tradition, n'est-ce pas parce qu'elles mettent les marchandises à notre disposition ? Ce qui le prouve, c'est que cette remise des clefs doit se faire *apud horrea, in re præsenti* (1), parce que alors seulement nous sommes à même d'exercer notre pouvoir sur la chose. Or, si les clefs étaient un symbole, qui ne voit que l'effet de leur remise serait partout le même, et qu'il importerait peu dès lors de savoir en quel lieu elle s'est faite?

On a aussi voulu voir une tradition symbolique dans l'hypothèse prévue par la loi 1, au Code *de donat.* Les difficultés auxquelles ce texte a donné lieu, nous font un devoir de le mettre sous les yeux : *Emptionum mancipiorum instrumentis donatis et traditis, et ipsorum mancipiorum donationem et traditionem factam intelligis : et ideò potes adversus donatorem in rem actionem exercere.* — C'est là, ont dit quelques interprètes, une tradition symbo-

---

(1) L. 74, *de contrah. empt.*, paraphrase de Théophile.

lique. L'acte d'achat des esclaves est le symbole des esclaves eux-mêmes. D'autres (1), ont expliqué ce texte par l'hypothèse d'un constitut possessoire que rien ne justifie. Voici, ce nous semble, quel est son véritable sens : une personne avait des esclaves qu'elle avait achetés; elle possédait encore l'acte d'achat. Voulant faire donation de ces esclaves à Lucius (c'est le nom du donataire à qui la constitution est adressée), elle lui livra l'acte d'acquisition, mais sans lui livrer les esclaves eux-mêmes (2). La donation est-elle parfaite? Lucius a-t-il la revendication? Oui, disent les empereurs Sévère et Antonin, car il y a eu tradition. Y a-t-il là quelque chose d'exceptionnel ou de symbolique ? non ; il faut simplement supposer que la remise de l'acte d'acquisition a eu lieu en présence des esclaves, et dès lors on ne trouve dans ce texte que l'application du principe d'après lequel il y a tradition effective, toutes les fois que la chose est mise à notre disposition (3).

---

(1) Fulgosius, *de poss.*, § 280. — M. de Savigny dans ses deux premières éditions.

(2) C'est ce qui est démontré par le texte lui-même; pour qu'on accorde la revendication à Lucius, il faut bien que les esclaves soient en la possession du donateur.

(3) Cette interprétation paraît avoir dominé chez les glossateurs, et M. de Savigny l'a adoptée à partir de sa 3ᵉ édition.

Tradition feinte proprement dite, ou résultant de clauses apportées aux contrats. — On voyait des traditions de ce genre dans les clauses de constitut, de précaire, de bail, de rétention d'usufruit, etc. L'effet de ces clauses était de faire considérer l'acheteur ou le donataire comme possesseurs et propriétaires, bien que le vendeur ou le donateur eussent conservé par devers eux la chose. On expliquait cette transmission de la possession en disant que le vendeur, par exemple, était censé avoir livré la chose à l'acheteur, qui la lui aurait rendue ensuite pour qu'il la détînt à titre de locataire, usufruitier, etc. Mais ces suppositions sont encore complétement inutiles. La possession est un fait pour lequel on peut se faire représenter, c'est-à-dire qu'on peut l'acquérir, *per extraneam personam*, comme nous le dirons plus tard. Or, rien n'empêche que le mandataire soit le propriétaire de la chose que l'on veut acquérir. Cela établi, je suppose qu'un contrat de vente survienne; que va-t-il arriver? Le propriétaire vendeur continue à détenir la chose, mais pour le compte de l'acquéreur; et par l'effet du contrat, son *animus possidendi* se détache de sa détention pour aller résider en la personne de l'acheteur; ainsi, la possession, et par suite la propriété, se trouvent transmises à celui-ci. Il en résulte que l'acte peut être considéré comme le cas inverse d'une *brevis manus traditio*. Dans un cas, c'est le détenteur qui devient propriétaire; dans l'autre, c'est le propriétaire qui se transforme en détenteur.

Nous en avons fini avec ces prétendues fictions. Nous avons montré leur inutilité, en faisant rentrer les textes qu'elles servaient à expliquer, dans une acception plus large de l'appréhension. Concluons avec Paul : le fait matériel, dans la tradition, ne consiste pas dans la nécessité d'un contact immédiat; il consiste dans la conscience d'un pouvoir illimité sur la chose. *Non est enim corpore et tactu necesse apprehendere possessionem, sed etiam oculis et affectu.*

SECTION DEUXIÈME.

De l'animus *dans la possession et du concours des volontés dans la tradition.*

L'*animus*, comme nous l'avons déjà dit, est le deuxième élément qui, joint au fait matériel de l'appréhension, concourt à former la possession. Cet *animus* consiste à traiter comme sienne la chose que l'on détient. Cette formule est assez claire par elle-même; de plus amples explications seraient surabondantes.

Mais la tradition est une opération complexe qui, indépendamment de l'*animus domini* chez l'*accipiens*, réclame une volonté corrélative chez le *tradens*. A l'intention d'acquérir du premier doit donc venir se joindre l'intention d'aliéner du second. Or, pour que cette intention soit certaine, il faut que la tradition soit faite en vertu d'une *juste cause*. Sans juste cause, le fait physique de la tradition ne peut transférer la propriété (1).

. Les jurisconsultes romains ont entendu par *juste cause*, un contrat ou fait quelconque entraînant comme conséquence la volonté de transférer la propriété. Ainsi, la tradition faite pour cause de commodat, de loyer, de dépôt, ne peut avoir pour effet la translation de la propriété, parce qu'elle ne manifeste pas l'intention de la transférer; au contraire, c'est parce que la vente, l'échange, la donation, le legs, etc, rendent cette volonté certaine, que tous ces faits produisent transmission de la possession, et par suite, de la propriété. Il y a plus ; le titre en vertu duquel la

---

(1) L. 31, *de acq. rer. dom.* — Ulpien, *reg.*, 19, 7. — Gaïus, 2, § 20,

tradition a eu lieu, n'existât-il qu'en apparence, il n'y en aurait pas moins aliénation. Ainsi, j'exécute un legs que je croyais être à ma charge; mais, le testament qui le contenait était faux, ou inofficieux, ou révoqué. La chose, objet du legs, passera de moi au légataire, parce que chez moi il y a volonté d'aliéner, chez lui volonté d'acquérir. Seulement, comme en définitive, le legs n'existait pas, j'aurai contre le légataire la *condictio indebiti* (1).

Nous avons supposé jusqu'ici que les deux parties étaient d'accord sur la juste cause réelle ou putative, qui a précédé la tradition. Or, il peut arriver qu'il en soit autrement, la première livrant pour un motif, la deuxième recevant pour un autre. Il est d'abord évident que si les deux causes qui ont précédé la tradition, ne manifestent pas, chacune, l'intention de transférer la propriété, cette translation n'aura pas lieu. Tel serait le cas, où vous livrant une chose à titre de dépôt, vous croyez la recevoir à titre de *mutuum*. Il n'y a ni dépôt, ni *mutuum*, car, il y a erreur sur la nature du contrat (2). Mais, modifions l'hypothèse, et supposons, par exemple, que je

----

(1) L. 2, § 1, et L. 34, *de condict. indeb.*
(2) L. 18, § 1, *de rebus credit.*

vous livre une chose à titre de donation, tandis que vous croyez la recevoir à titre de prêt. Ici, il y a bien erreur sur la nature du contrat ; mais il y a accord sur la translation de propriété, puisque chacune des causes entraîne pour conséquence l'intention de la transférer. Cet accord sera-t-il suffisant ? C'est l'opinion de Julien dans la loi 36 *de acq. rer dominio : Non animadverto cum inefficax sit traditio*, dit-il, *constat proprietatem ad te transire*. Ulpien, au contraire, dans la loi 18 *de reb. credit.*, est formellement d'un avis opposé. Après avoir reproduit l'hypothèse de Julien, et qui est celle que nous avons posée, il dit qu'en pareil cas, il n'y a ni donation, ni *mutuum, magisque* ajoute-t-il, *nummos accipientis non fieri*. Les commentateurs ont fait les plus grands efforts pour concilier ces deux textes. Voici l'interprétation la plus généralement reçue. D'après les deux opinions, a-t-on dit, si l'on considère l'opération dans son principe, dans son effet immédiat, il y a translation de propriété. C'est ce que dit Julien, et Ulpien est muet sur ce point, car les mots *accipientis non fieri* se rapportent chez lui à l'*eventus traditionis*, c'est-à-dire aux conséquences définitives que l'opération peut produire ; et ces conséquences sont que le *tradens* peut user de la *condictio sine causâ* pour se faire restituer

.a propriété. Ulpien a donc pu dire *nummos accipientis non fieri*, en ce sens qu'ils ne devenaient pas sa propriété *définitive*.

C'est là une explication trop subtile pour être vraie. L'opinion d'Ulpien est évidemment qu'il n'y a pas transport même momentané de la propriété. Son raisonnement le prouve d'une façon péremptoire : il n'y a pas donation, il n'y a pas *mutuum*, dit-il ; la conséquence est qu'il n'y a pas translation de propriété : *magisque nummos accipientis non fieri*.

La vérité est que les deux jurisconsultes professaient sur ce point une opinion différente. Julien se contente de l'intention chez l'une des parties de donner, chez l'autre de recevoir. Ulpien se demande, au contraire, la raison de cette intention. Pourtant leurs opinions ne sont pas aussi profondément divergentes qu'on pourrait le croire. Car, Ulpien qui prétend qu'en pareil cas, il n'y a pas translation de propriété, donne, cependant, une exception de dol à l'*accipiens*, si les écus ont été consommés.

CHAPITRE II.

Quelles personnes peuvent être parties dans la tradition.

Le fait extérieur et le concours de volontés que nous avons étudiés jusqu'ici, sont sans doute des conditions essentielles, pour qu'il y ait translation de propriété ; mais elles ne sont pas suffisantes. A elles seules, elles produiront transmission de la possession légale. Mais, pour que la propriété résulte de cette transmission, il faut évidemment que le *tradens* soit propriétaire. C'est ce qu'exprime très-bien Ulpien dans le texte suivant : *Traditio nihil amplius transferre debet vel potest ad eum qui accipit, quam est apud eum qui tradit ; si igitur quis dominium in fundo habuit, id tradendo transfert ; si non habuit, ad eum qui accipit, nihil transfert* (1). Tout propriétaire même ne peut transférer la propriété, parce que tout propriétaire n'est pas capable d'aliéner. C'est ainsi que le pupille (2), l'inter-

______

(1) L. 20, *de acq. rer. dom.*
(2) *Inst.*, lib. II, t. VIII, § 2.

dit (1), le furieux (2), sont privés de cette capacité et ne peuvent par conséquent rien transférer par tradition.

Ainsi donc, la tradition doit être faite par le propriétaire. capable, et ajoutons maintenant : ou par son représentant. C'est qu'en effet, le fait personnel du propriétaire importe bien moins que sa volonté. Il est donc indifférent que la chose soit livrée par lui ou par un autre agissant avec son consentement (3). Toutefois, faut-il que ce consentement ne soit pas douteux. Il est évi- dent qu'il ne le sera pas, lorsque le mandat con- férera expressément au procureur le pouvoir d'aliéner. Mais, en serait-il de même si le man- dat ne portait que sur la libre administration des biens ? Là-dessus, les textes ne paraissent pas être d'accord. Gaïus (4) et les Institutes (5) reconnaissent à ce mandataire général la faculté d'aliéner. Modestin (6), au contraire, la lui re- fuse ; en l'autorisant simplement à vendre les

---

(1) L. 26, *de contrah. empt.* — L. 10, *de curat.*, *furioso et aliis.*

(2) L. 6, *de verb. obligat.*

(3) *Inst.*, lib. II, t. I, § 42. — L. 9, § 4, *de acq. rer. dom.*

4) *Ibid.*

(5) *Inst.*, lib. II, t. I, § 43.

(6) L. 63, *de procurat.*

fruits et autres objets susceptibles de se corrompre. Deux conciliations ont été présentées. La première (1), consiste à distinguer entre le mandataire *cum liberá*, et le mandataire *totorum bonorum*. Ce sont là, en effet, les termes dont se servent Gaïus et les Institutes d'un côté, et Modestin de l'autre, pour qualifier les pouvoirs du mandataire. La deuxième (2), ne voyant là qu'une distinction de mots sans réalité sérieuse, admet comme règle l'opinion de *Modestin*, et restreint l'application du texte de Gaïus et des Institutes au cas où la nécessité, les circonstances motivent l'aliénation, *si conditio et ratio administrationis stagitet* (3). Encore une fois ne vaudrait-il pas mieux renoncer à des explications que rien ne justifie, et reconnaître simplement une divergence d'opinions?

Dans une circonstance spéciale, le mandat du propriétaire résulte tacitement d'un autre contrat. Nous voulons parler du cas où le créancier gagiste aliène la chose qu'il a reçue en gage. En donnant le gage, le propriétaire consent tacitement à son aliénation, pour le cas où il ne paierait pas.

Si dans la tradition, il n'est pas nécessaire du

---

(1) Poth., *Pand.*, liv. III, t. III, § 3.

(2) Vinnius, *Quæstiones select.*, lib. I, cap. IX.

(3) *Ibid.*

fait personnel du propriétaire, on ne voit pas pourquoi il en serait autrement du fait de celui qui veut le devenir. Lui aussi peut donc être représenté. Déterminons, toutefois, avec exactitude, l'étendue de cette représentation.

Dans le droit primitif de Rome, il était de principe que la personne du citoyen romain ne pouvait être représentée. De là, la règle proclamée par Gaïus (1), et reproduite par les Institutes (2), qu'on ne peut rien acquérir par une personne étrangère, *per extraneam personam nihil adquiri posse.* Avec le temps, on finit par s'écarter de cette rigueur, du moins quant aux actes du droit des gens. La propriété, droit éminemment civil, resta sous l'empire de la règle. Mais, la possession étant du droit des gens, profita de l'exception qui y était faite, et l'on admit de bonne heure la possibilité de l'acquérir par représentant (3). Cela posé, nous savons que la possession se compose de deux éléments, le fait et l'intention. Le fait peut évidemment s'accomplir en la personne d'un tiers qui agit par notre ordre. En pareil cas, la chose est aussi bien à notre disposition, que lorsque

----

(1) *Comment.*, ii, § 95.
(2) Lib. ii, t. ix, § 5.
(3) Labion, L. 51, *de poss.*

nous la tenons nous-mêmes. Quant à l'intention, on paraît avoir discuté jusqu'à Sévère et Antonin sur le point de savoir si elle devait être actuellement personnelle à l'acquéreur. Leur constitution (1) fit cesser la controverse en décidant que la possession serait acquise *etiam ignoranti.*

Toutefois, il ne faut pas se méprendre sur la portée de cette expression. Elle ne veut pas dire qu'une personne quelconque nous acquiert la possession à notre insu, par cela seul qu'elle a l'intention de l'acquérir pour nous. Elle signifie que lorsque nous avons donné mandat à quelqu'un de recevoir une chose, la tradition qui lui est faite de cette chose, nous en transfère immédiatement la possession, bien que nous ignorions que cette tradition ait eu lieu. En ce sens, il est parfaitement exact de dire que l'intention, dans l'acquisition de la possession, doit nous être exclusivement personnelle, et que, quant à cette intention, la représentation est impossible (2).

La possession peut donc nous être acquise par représentant. Mais là s'arrête l'effet de cette représentation. Quant à la propriété, je ne l'acquiers pas par la personne qui possède la chose en

---

(1) Const. i, au Code, *de acq. et ret. possess.*
(2) Paul, v. i, § 1.

mon nom. Je deviens propriétaire sans doute, mais je le deviens parce que je suis possesseur. La propriété est une conséquence de ma possession, et cette conséquence, c'est en moi seul qu'elle se réalise.

Nous avons supposé jusqu'ici que le mandataire s'était fidèlement acquitté de son mandat, c'est-à-dire qu'en recevant la chose, il avait eu l'intention de l'acquérir pour le mandant et non pour lui. Mais l'hypothèse contraire est possible, et elle se trouve prévue, en effet, par les lois 13 *de donat.* et 37 § 6, *de acquirendo rer. dom.* L'espèce est toute simple : je livre une chose à votre procureur dans l'intention de vous la faire acquérir ; lui, au contraire, la reçoit avec l'intention de l'acquérir pour lui. Julien et Ulpien professent encore ici une opinion différente. Le premier considère l'acte comme nul, et décide par conséquent qu'il n'y a pas translation de propriété. Le second, au contraire, ne tenant compte que de la volonté du *tradens,* enseigne que la chose est acquise au mandant. Il va sans dire qu'ici, comme ailleurs, on a essayé des conciliations. On a retranché des mots; on en a ajouté; on a usé de distinctions..... Quant à nous, nous persistons encore à dire qu'il y a antinomie, et nous nous l'expliquons. Dans le

principe, le procureur n'acquérait pas directement pour le mandant. Plus tard, Julien admit
qu'il acquerrait pour lui, mais pourvu qu'il eût
cette volonté, et non celle de s'approprier la
chose, objet du mandat. Ulpien fait un pas de
plus : il ne tient aucun compte de la volonté de
l'intermédiaire; il ne le considère que comme
un instrument entre les mains duquel la chose
ne fait que passer, et chez lequel la propriété
ne séjourne pas. La conséquence est que cette
propriété doit aller directement du *tradens* au
mandant. — Nous devons dire pourtant qu'Ulpien dans la loi 43, § 1 *de furtis* semble, lui
aussi, tenir compte de la volonté du procureur.
Mais il suffit de faire remarquer qu'Ulpien, dans
cette loi, ne fait que reproduire l'opinion de
Neratius.

Et maintenant, si nous voulons constater les
résultats auxquels nous sommes parvenus, nous
dirons : les règles de la tradition sont : 1° que la
chose soit mise à la disposition de l'*accipiens;*
2° qu'elle soit remise et reçue avec l'intention
de transférer la propriété; 3° que cette tradition
soit faite à l'*accipiens* par le propriétaire ayant
capacité d'aliéner, ou par le représentant de
l'un au représentant de l'autre.

Ces conditions sont suffisantes en principe. Mais, il est deux contrats spéciaux qui en réclament d'autres. Ces deux contrats sont la vente et la donation.

Nous avons vu quel grand rôle jouait, dans la tradition, la volonté des parties. A l'inverse de ce qui a lieu dans les modes d'acquisition du droit civil, la *mancipatio*, la *cessio in jure*, où elle se trouve embarrassée dans des formalités gênantes, rien ici ne vient en contrarier l'expansion. La tradition produit tous les effets que les parties veulent lui faire produire, et elle ne produit que ceux qu'elles entendent lui attribuer. C'est pour cela que dans la vente, la propriété ne sera transférée qu'autant qu'il y aura eu paiement du prix, ou toute autre satisfaction donnée par l'acheteur à son vendeur (1). Ce dernier est réputé n'avoir l'intention de transférer la propriété, que sous ces conditions. Si elles ne sont pas remplies, la propriété continuera à résider sur sa tête.

Quant à la donation, lorsqu'elle s'opérait par tradition, elle fut longtemps sans réclamer d'autres formes que celles que nous avons indiquées. Mais, sous le bas-empire, et à partir de

---

(1) *Instit.*, lib. II, t. I, § 41.

Constance-Chlore, elle commença à prendre un caractère spécial. Pour mettre un terme à des fraudes trop fréquentes, on l'entoura de formalités destinées à en garantir l'authenticité. L'absence de ces formalités n'avait pas seulement pour effet d'empêcher la translation de propriété; elle mettait obstacle à la formation du contrat lui-même. Du reste, ces formalités varièrent avec les temps, et les diverses espèces de donations. Constance-Chlore exigea l'*insinuation* (1), Constantin voulut en outre qu'on rédigeàt un écrit, et que la tradition se fît devant témoins (2); Théodose et ensuite Zénon admirent la validité des donations faites sans écrit, pourvu qu'elles fussent constatées par d'autres documents (3). — Enfin Justinien ne conserve que l'insinuation, et encore ne l'exige-t-il dans sa dernière législation que pour les donations de 500 solides et au-dessus (4), en dispensant même complétement certaines donations, telles que les donations à cause de mort (5).

---

(1) Code théodosien, *de sponsalibus et ante nuptias donat.*, i.
(2) Code théod., 8, 12, *de donat.*, i.
(3) Code Justinien, *de donat.*, const. 29 et 31.
(4) *Ibid., ibid.*; const. 36, § 3.
(5) *Ibid., de donat. mortis causæ*, const. 4.

CHAPITRE III.

Etendue de la tradition aux différentes époques du droit romain.

Après avoir étudié la tradition dans sa nature, et ses conditions, il nous reste à faire son histoire, et à déterminer sa sphère d'application sous les diverses périodes de la législation romaine.

Mode d'acquisition du droit des gens, son rôle dut nécessairement être fort restreint à l'époque où le droit civil régnait avec son esprit d'exclusivisme rigoureux. Aussi, est-on allé jusqu'à nier son existence, ou plutôt son efficacité comme mode d'acquérir à l'époque de la loi des Douze-Tables. Mais pour marcher d'une manière plus sûre, il vaut mieux déterminer son étendue d'application à l'époque des jurisconsultes classiques. Nous irons aussi du connu à l'inconnu. — Or, aux temps de Gaïus et d'Ulpien, voici ce que nous voyons. D'un côté, les choses objets du droit, se divisent en deux grandes classes, en choses *mancipi*, et choses *nec mancipi*. D'un autre côté, comme à l'époque des Douze-Tables, la propriété n'est plus une : à côté du domaine du droit civil, du *dominium ex jure quiritium*, s'est introduite, pour les choses *mancipi*, une espèce de propriété du droit des gens, que les jurisconsultes ne désignent que par le fait, *in bonis habere*, et que Théophile, dans sa paraphrase, nomme δεσποτης βονιταριος domaine *bonitaire*. — Cela posé, voyons comment fonctionne la tradition. Ce qu'il y a de certain, c'est que, appliquée aux choses *mancipi*, elle n'en donne pas le *dominium ex jure quiritium*, elle ne fait que les mettre dans les biens, *in bonis* (1). Le *nudum jus quiritium* reste sur la tête du *tradens*, et ce n'est qu'après les délais requis pour l'usucapion, après un an pour les meubles, deux ans pour les immeubles, qu'il passera sur celle de l'*accipiens* et qu'il viendra compléter son droit de propriété.

Mais quel sera l'effet de la tradition appliquée aux choses *nec mancipi?* En transférera-t-elle le domaine civil? Ici surgissent des controverses, qui, à la vérité, tendent de jour en jour à prendre fin. On a soutenu d'abord que les choses *nec mancipi* étaient en dehors du droit civil, et non susceptibles par conséquent

---

(1) C'est même là le seul cas d'application que l'on con naisse de l'*in bonis*.

de propriété romaine. Pour les défenseurs de
cette opinion, la solution de notre question ne
pouvait être douteuse. La tradition ne pouvait
tranférer, en effet, un droit dont n'était pas susceptible la chose à laquelle elle s'appliquait.
Mais cette thèse est évidemment inadmissible.
D'abord elle suppose que dès l'origine de la
distinction des choses, en choses *mancipi* et *nec
mancipi*, il existait deux sortes de propriété,
l'une romaine, et l'autre qui ne l'était pas. Or,
cette hypothèse est précisément démentie par
Gaïus, qui nous apprend qu'à l'origine, il n'y
avait qu'un seul domaine; qu'on était propriétaire selon le droit des Quirites, ou qu'on ne
l'était pas du tout (1). Donc, il fallait bien qu'à
cette époque ce genre unique de propriété s'ap-
pliquât à toutes choses, aux choses *nec mancipi*,
comme aux choses *mancipi*. En second lieu,
des textes d'Ulpien (2) et de Gaïus (3), reconnaissent que du vin, du blé peuvent nous ap-
partenir *ex jure quiritium;* et pourtant, le vin,
le blé étaient des choses *nec mancipi*. Enfin,
l'*in jure cessio*, s'appliquait aussi bien aux

____

(1) *Comment.*, II, § 40.
(2) Ulpien, titre 24, 7.
(3) Gaïus, *Comment.* II, § 196.

choses *nec mancipi*, qu'aux choses *mancipi*. Or, l'*in jure cessio* était un mode d'acquisition du droit civil, et l'on sait que sa formule était celle-ci : *Hanc ego rem* EX JURE QUIRITIUM *meam esse aio.*

Il est donc certain que les choses *nec mancipi* étaient susceptibles de propriété civile. Reste à nous demander si la tradition pouvait la conférer. Nous n'hésitons pas encore à répondre affirmativement. Nous ne trouvons rien d'étonnant, quant à nous, à ce qu'un mode du droit des gens, mais accepté et reconnu par le droit civil, produise un effet civil. Aussi, Ulpien (1) et Gaïus (2), mettent-ils sur la même ligne l'aliénation d'une chose *mancipi* par mancipation, *cessio in jure*, etc., et l'aliénation d'une chose *nec mancipi* par tradition. Et d'ailleurs, quel droit aurait donc conféré la tradition d'une chose *nec mancipi* à l'époque où le *dominium ex jure quiritium* existait seul? Quel droit aurait-elle même conféré à l'époque que nous étudions? La chose aurait-elle été simplement *in bonis*, et aurait-il fallu le secours de l'usucapion pour compléter le domaine? Les textes ne

---

(1) Tit. 19, 2, 3, 7 et suivants.
(2) *Comment.* II, § 65.

font nulle part mention de ce nouveau cas d'application de l'usucapion. Or, comment l'auraient-ils passé sous silence, s'il avait existé?

En résumé, à l'époque des jurisconsultes classiques, la tradition appliquée aux choses *mancipi*, met la chose *in bonis;* appliquée aux choses *nec mancipi*, elle en confère la propriété civile.

Toutefois, nous devons faire ici une important restriction. Parmi les choses *nec mancipi*, se trouvaient les immeubles provinciaux. Or, la propriété de ces immeubles appartenant au peuple ou à César (1), les particuliers étaient réputés n'en avoir que la possession et l'usufruit (2). Sans doute, la tradition s'appliquait à leur aliénation. Mais, son effet se bornait à transférer ce droit de possession, le seul dont ils fussent susceptibles.

Maintenant revenons en arrière, et examinons le rôle de la tradition, sous les Douze-Tables. A cette époque, nous l'avons déjà dit, on n'avait pas encore dédoublé le droit de propriété. Le domaine était un; on était proprié-

---

(1) On les appelait stipendiaires dans le premier cas, tributaires dans le second.

(2) Gaïus, *Comment.*, II, § 7.

taire *ex jure quiritium*, ou on ne l'était pas du tout. Quant à la distinction des choses en choses *mancipi* et *nec mancipi*, on a également prétendu qu'elle n'existait pas, de telle sorte que tout aurait été régi par les règles jalouses et exclusives du droit civil. Si cette prétention était vraie, il serait nécessaire de conclure que la tradition, mode d'acquisition éminemment naturel, était impuissante à cette époque, pour transférer le domaine. Mais elle se trouve démentie par les textes et la raison. Par les textes : le § 47 du Commentaire ɪɪ de Gaïus atteste positivement l'existence des choses *mancipi* et *nec mancipi* à l'époque des Douze-Tables. Par la raison : comment concevoir, en effet, l'emploi de la mancipation ou de la *cessio in jure*, pour l'acquisition des choses d'une utilité journalière ? Comment admettre que des transactions de tous les instants fussent assujetties à des formes aussi gênantes ?

Donc sous la loi des Douze-Tables, comme au temps des jurisconsultes, la tradition transférait la propriété des choses *nec mancipi*.

Mais quel a dû être à cette époque l'effet de la tradition appliquée aux choses *mancipi ?* Elle ne pouvait pas mettre la chose *in bonis*, puisque cette espèce de propriété n'existait pas. Elle ne conférait pas non plus le *dominium ex jure qui-ritium*. Donc l'acte était nul et le *tradens* restait propriétaire. Mais il nous semble permis de conjecturer qu'à cette époque, comme sous les jurisconsultes, l'usucapion était applicable. Seulement, dans les deux cas, son effet ne pouvait être le même. Sous les Douze-Tables, elle dut conférer le domaine plein et entier. Au temps des jurisconsultes, elle ne faisait que compléter le droit imparfait résultant de l'*in bonis*. Aux deux époques, la position de l'*accipiens* était sans doute la même, une fois l'usucapion accomplie. Pendant le temps intermédiaire, au contraire, elle dut être complétement différente. Sous la deuxième période, l'*accipiens* avait un droit protégé par le préteur, contre les prétentions du propriétaire et des tiers. Sous la première, l'absence de tout droit rendait toute protection impossible. Or, c'est par cette inefficacité absolue de la tradition appliquée aux choses *mancipi*, inefficacité manifestement contraire à l'équité, que nous expliquons l'origine du domaine *bonitaire*. Il y avait deux moyens de remédier au mal : l'un consistait à donner droit de cité à la tradition, en la mettant sur le même plan que les autres modes d'acquisition, en lui faisant produire les mêmes effets. On ne l'employa pas; il était trop contraire à l'esprit jaloux du vieux droit des *Quirites*. L'autre consistait à conserver à la tradition son caractère d'institution du droit des gens, et à lui faire produire un effet en harmonie avec sa nature : c'est ce qu'on fit en créant le domaine bonitaire; et c'est ainsi qu'on parvint à concilier les jalousies du droit civil avec les exigences de la pratique.

Mais là s'arrêtèrent les concessions. On crut avoir fait assez en protégeant le plus important de tous les droits, le droit de propriété. C'est ainsi que l'usufruit, et sans doute aussi les droits d'usage et de servitude prédiale, ne purent être déduits dans une tradition (1). Le droit civil considère le droit des gens comme impuissant à les établir, même sur des choses *nec mancipi*. C'est la décision que nous donnent les *Fragmenta Vaticana* pour l'usufruit, décision que nous n'hésitons pas à étendre aux autres droits réels. Par conséquent, il n'est pas douteux que les textes du Digeste, qui autorisent la réserve d'usufruit sur des biens aliénés par tradition, n'aient été remaniés, comme l'a été un fragment d'Ul-

---

(1) Ces droits ne pouvaient non plus être directement conférés par la tradition; mais, comme nous allons le voir tout à l'heure, c'était pour un tout autre motif.

pien (1), dont nous avons aujourd'hui la teneur primitive (2).

Maintenant, nous devons limiter notre règle dans un autre sens. La tradition s'applique, avons-nous dit, aux choses *nec mancipi* et en transporte la propriété civile. Nous avons fait une restriction à la deuxième partie de la règle; nous avons à en faire une autre à la première. On sait qu'une autre grande division des choses était celle qui les distinguait en choses corporelles et incorporelles. A l'exception des servitudes rurales, les autres choses incorporelles, telles que les servitudes urbaines, l'usage, l'usufruit, étaient toutes des choses *nec mancipi*. D'après notre règle, la tradition aurait dû par conséquent s'y appliquer. Pourtant, il n'en était pas ainsi; et la raison en était, que ces choses, consistant dans de pures abstractions juridiques, n'avaient pas été jugées susceptibles de possession (3). Conséquemment, la tradition, qui a la

---

(1) L. 3, § 1, *de usufruct. accres.*

(2) *Frag. Vat.*, § 80. Ces textes peuvent aussi s'entendre, tels qu'ils sont, comme se référant à un usufruit constitué *jure prætorio.*

(3) L. 3, *de poss.*; L. 4, § 27, *de usurp.*

possession pour base, devait leur être inapplicable (1).

Mais la propriété n'est-elle pas aussi un droit, et par suite une chose incorporelle? Sans aucun doute; et pourtant nous avons déjà dit bien des fois que la tradition en transférait les avantages. Cette anomalie tient à l'influence qu'exercèrent, en ce point, les habitudes du langage. Quand on se prétendait maître d'une chose, on ne disait pas : J'ai le droit de propriété sur cette chose; on disait : Cette chose est à moi, *hanc ego rem meam esse aio* (2). Cette forme de langage avait, jusqu'à un certain point, sa raison d'être. La propriété étant le droit le plus complet qu'on puisse avoir sur une chose, nous rend cette chose tellement propre, que le droit se confond avec son objet. Voilà pourquoi les jurisconsultes romains ne l'ont jamais classée parmi les choses incorporelles; voilà pourquoi, le droit et son objet ne faisant qu'un, et l'objet étant corporel, ils ont considéré la tradition comme parfaitement applicable.

Les mêmes motifs ne pouvaient justifier l'emploi de la tradition, en ce qui concerne les au-

---

(1) Gaïus, *Comment.* II, § 28.
(2) Gaïus, *Com.* IV, § 16.

tres droits réels. Ces droits n'étant que des frac-
tions, des démembrements du droit de propriété, il fut indispensable de les qualifier pour
en déterminer l'étendue. C'est ainsi qu'on dit :
J'ai un droit d'usufruit, un droit de servitude sur
cette chose. Ici la prétention porte immédiatement sur le droit, et médiatement sur la chose.
Or, le droit est incorporel; donc il n'est pas
susceptible de tradition (1).

Tel était encore l'état des choses au temps
de Gaïus. Mais on ne tarda pas à se relâcher
de cette rigueur, et l'on finit par reconnaître,
pour les démembrements de la propriété, une
sorte de possession, qu'on appela *quasi-pos-
sessio* (2), consistant dans l'exercice du droit
et l'intention de l'exercer comme maître. Par
suite, on fut conduit à admettre une espèce de
tradition, *quasi-traditio*, consistant à souffrir
l'exercice du droit (3). Toutefois, les avantages
qui en résultèrent ne furent pas placés sous la
sauvegarde du droit civil. Le droit prétorien
seul les protégea, au moyen d'interdits utiles
d'abord, *interdicta veluti possessoria*, plus

---

(1) M Pellat, *Prop. et usuf.*
(2) L. 23, § 2, *ex quib. causis majores*, etc.
(3) L. 2, § 1, *de publiciana*.

tard au moyen d'une action publicienne.

Enfin, nous arrivons au temps de Justinien. Comme nous l'avons constaté, la rigueur du droit civil tendait depuis longtemps à s'adoucir devant les exigences d'une civilisation chaque jour plus avancée. Le progrès, représenté par le droit prétorien et les doctrines des jurisconsultes, minait de plus en plus les bases du vieux droit *quiritaire*. Sous Justinien la révolution s'achève : — plus de différences entre le droit civil et le droit prétorien; — plus de distinctions entre les choses *mancipi* et *nec mancipi;* — entre la propriété civile et l'*in bonis ;* — entre le sol de l'Italie et le sol des provinces. — Tout s'harmonise; tout s'unifie; tout rentre sous l'application d'une législation uniforme. — En ce qui nous concerne, les conséquences furent : que les modes d'aliénation du droit civil tendirent à disparaître; que la mancipation s'effaça complétement; que la *cessio in jure* perdit beaucoup de son importance; que la tradition prit leur place, non plus avec les restrictions dont elle était jadis entourée, mais avec la plénitude des effets qu'elle peut naturellement produire.

DROIT FRANÇAIS.

DE LA TRADITION DANS L'ANCIEN DROIT ET HISTORIQUE DE LA TRANSCRIPTION.

Nous ne sommes plus à Rome. Nous nous trouvons en présence de diverses tribus germaines, qui formèrent plus tard la France. Poursuivons l'histoire de la tradition au sein de cette société nouvelle (1).

Avant leur invasion, les Germains ne connaissaient pas la propriété foncière. La terre était la propriété collective de la tribu, qui, chaque année, en réglait la jouissance (2). Mis en contact

---

(1) Nous ferons observer que nos détails sur ce point, ne s'appliqueront qu'à la tradition des immeubles. La tradition des meubles resta étrangère aux formalités que nous allons décrire.

(2) César, *Com.*, VI, 22. — Tacite, *de more Germ.*, 14, 15, 25, 26.

avec la civilisation romaine, les Germains lui empruntèrent sans doute l'idée de l'appropriation individuelle du sol, et par suite les moyens qu'elle avait de le transférer. Or, nous savons qu'à cette époque le seul mode conventionnel d'aliénation reconnu par le droit romain, était la tradition. Le droit germanique l'accepta ; mais, en se l'appropriant, il lui imprima un caractère tout particulier. Il est dans l'esprit des législations primitives d'entourer les divers actes de la vie civile, « de certaines formes extérieures et solennelles qui frappent les sens, qui s'emparent de l'esprit, et suppléent par une impression physique aux faibles perceptions de la conscience et de la bonne foi (1) ». On sait combien le droit romain se laissa longtemps dominer par la puissance de la forme et du symbole. Le droit germanique ne fit pas autrement. Une vente, par exemple, avait-elle lieu ? il était d'usage de l'accompagner de rites symboliques : le vendeur remettait à l'acheteur une motte de terre, une branche, une paille, etc., et la translation s'opérait ainsi *per cespitem, per ramum, per festucam*. Ces rites se référaient-ils à l'accomplissement du contrat, ou était-ce là une tradition fictive dispensant de toute autre

---

(1) M. Troplong, *Revue de légis.*, t. 25, p. 144.

tradition? Ce qu'il y a de certain, c'est qu'on re-
trouve la formule d'une prise de possession qui
s'opérait ensuite par d'autres rites. Mais, cette
prise de possession était-elle essentielle pour la
translation de propriété ? C'est une question que
l'insuffisance et l'obscurité des textes ne permet-
tent pas de résoudre (1).

Après l'accomplissement de ces actes, l'acheteur était *vestitus*, comme plus tard il fut *saisi*.
Son droit, ainsi reconnu, était placé sous la protection de la société.

A cette époque, ces actes se passaient le plus
souvent *in mallo*, ou assemblée de canton, en
présence des *rachimbourgs* ou *boni homines*,
présidés par le *comes*. Le but était évidemment
de perpétuer le souvenir de l'aliénation qui avait
eu lieu. Mais n'y avait-il pas un autre désir, et le
consentement public n'était-il pas une condition
de la transmission? On le soutient en Allemagne;
et il se peut, en effet, que cette idée ait survécu
à l'appropriation individuelle du sol. Mais ce qui
prouve que ce n'était là principalement qu'une
question de preuve, c'est que ces actes pouvaient
aussi être faits hors du *mallum* (2).

____

(1) M. Devalroger, à son cours.
(2) *Id., ibid.*

Lorsque la féodalité se fut assez développée pour confisquer à son profit les divers attributs dé la puissance publique, ces actes se passèrent devant le seigneur, dépositaire de la justice sur le territoire engagé dans sa mouvance. Du reste, un état de choses nouveau était venu faire une loi de cette intervention du seigneur dans la transmission de la propriété foncière. La féodalité avait hiérarchiquement classé les terres comme les personnes. Le sol de la France s'était couvert de *fiefs* et de *censives :* — les fiefs, terres nobles, concessions viagères d'abord, héréditaires ensuite, faites par le roi à ses *antrustions*, par les seigneurs (*seniores*) à leurs fidèles; — les censives, terres roturières, ayant surtout leur origine dans la *recommandation*, c'est-à-dire dans l'abdication partielle de leurs droits faite par les petits propriétaires en faveur des grands, dans le but de se procurer une protection devenue indispensable à une époque de décadence et de dissolution. Fiefs et censives étaient donc deux combinaisons de la propriété foncière (1), reposant toutes deux

---

(1) A ces deux combinaisons, il faut ajouter les *tenures serviles*, et l'on a ainsi les trois formes sous lesquelles la terre était possédée dans des conditions de dépendance plus ou moins relevées, plus ou moins abaissées; *l'alleu* était la

sur un droit supérieur accordé au seigneur. Le seigneur avait sur les fonds qui y étaient soumis ce que les feudistes ont appelé le domaine *éminent*, le domaine *direct*. — Cela rappelé, supposons qu'on voulût transmettre un bien qu'on avait à bénéfice ou à cens : on ne le pouvait en toute propriété ; et quant à la jouissance, le droit appartenant au seigneur imposait l'obligation de requérir son consentement : il fallait que l'acquéreur fût *ensaisiné* par lui.

Quant aux formes de l'*ensaisinement*, elles varièrent avec les coutumes, mais partout il fut entouré des rites symboliques dont nous avons déjà parlé (2).

Nous n'avons pas besoin de faire remarquer combien de pareilles formalités apportaient de gêne à la libre circulation de la propriété. Tou-

---

terre libre et absolument indépendante, *Nativa sua naturalis juris libertate originaliter et perpetuo gaudens, nullius unquam hominis servituti aut recognitioni subdita* (Dumoulin sur Paris, § 1, glos. 1). D'après certaines coutumes, l'intervention de la justice était également requise pour la transmission des *alleux*; ce qui montre que cette intervention se rattachait non-seulement à l'organisation féodale, mais aussi à une coutume germaine, à la transmission de la propriété *in mallo*.

(1) Klimrath, études sur la saisine, *Revue de législ.*, t. II.

tefois, au milieu de ce matérialisme grossier, on aperçoit le germe d'une idée utile, mise à profit, à huit ou neuf siècles de distance, d'abord par le législateur du 11 brumaire an 7, et tout récemment par celui du 23 mars 1855 : l'ensaisinement devait être constaté sur des registres; et ces registres étaient publics, ouverts aux investigations de tous. La propriété se trouva par là entourée d'une publicité qui en affermissait les bases; et c'est ainsi qu'on fit tourner à son profit des formalités dont le but principal n'avait certes pas été de la protéger (1).

Tel était l'état des choses à l'époque féodale. Mais à partir du xiii⁰ siècle, on commença à entrer dans une voie nouvelle. C'était l'époque où l'étude du droit romain reprenait son essor, sous la forte impulsion des écoles de Bologne et de Pavie. La manière simple dont ce droit envisageait la propriété, et les moyens de la transmettre, ne pouvait manquer de faire préférer son système au formalisme gênant des coutumes. Aussi vit-on la plus grande partie de la France s'affranchir des entraves de l'ensaisinement, pour avoir recours à la simple tradition

______

(1) Dumoulin sur Paris, tit. 1, § 1, glos. 1, nᵒˢ 29 et 30.— Brillon, *Dictionnaire des arrêts*, vᵒ ensaisinement.

romaine. Or, nous avons vu quelles furent sur ce point les idées des commentateurs. Ils peuplèrent de fictions cette partie de la législation romaine. Ils donnèrent, notamment, ce caractère aux clauses de constitut, de précaire, de rétention d'usufruit, etc. La réaction contre le formalisme du moyen âge fut telle, que ces clauses, avec le temps, devinrent de style dans les contrats, de telle sorte que la tradition s'opéra presqu'exclusivement de cette manière. On fut même plus loin; et étendant l'interprétation des textes relatifs à la tradition, on finit par considérer comme suffisante, la clause par laquelle l'aliénateur déclarait, devant notaire, se dessaisir de la chose, pour en saisir l'acquéreur. C'est ce qu'on appela la clause dessaisine-saisine (1).

Cette pratique nouvelle avait sans doute ses avantages; elle favorisait la circulation de la propriété, en précipitant l'effet des conventions destinées à la transmettre. Mais elle avait aussi ses inconvénients, car elle entourait les aliénations d'une clandestinité fâcheuse. Elle privait la propriété de l'élément de publicité qui se-

---

(1) Loisel, liv. 5, t. 4, reg. 7. — Pothier, *de la vente*, n° 322. — Gui Pape, décis. 112.

rait résulté de la tradition matérielle. C'est ce que Ricard remarque avec peine : « Les jurisconsultes, dit-il, ont réduit l'usage de la tradition à une pure subtilité, en introduisant les possessions civiles, qui s'accomplissent par la voye feinte..., ce que la plupart des coutumes ont embrassé dans les dernières réformations : par le moyen de quoy, la tradition... ne sert plus dans ces coutumes qu'à grossir les clauses d'un contrat et ne dépend plus que du stile du notaire » (1).

Mais, cette tendance ne fut pas partout suivie. Certains pays du Nord, plus pénétrés par la féodalité, restèrent attachés à l'ancienne pratique de l'ensaisinement. Ces pays prirent le nom de pays de nantissement (2). C'est sur eux surtout que nous devons porter notre attention pour y suivre les progrès de l'idée qui a donné naissance à notre transcription moderne.

Le point de départ y était le même que dans les pays de tradition ; c'était la règle du droit romain : *dominia rerum traditionibus, non nudis pactis transferuntur.* Seulement, là on

---

(1) Donations, part. 1, n° 901.

(2) Les pays de nantissement étaient : le Vermandois, la Picardie, l'Artois, la Flandre, le Hainaut et le Cambrésis.

se contentait de la tradition faite par l'une des parties à l'autre; ici on réclamait de plus l'intervention de la justice. Le vendeur se démettait de la propriété entre les mains du seigneur, de qui elle émanait originairement, et celui-ci en investissait ensuite l'acheteur; quant aux formes du nantissement, elles varièrent suivant les localités. Dans certaines coutumes (Vermandois, art. 120, et Reims, art. 165), on avait conservé les rites symboliques que nous avons vus pratiqués à l'époque franque. Les parties devaient comparaître devant les officiers de la seigneurie dont relevait le bien. Le vendeur remettait entre les mains du juge un bâton, symbole de l'héritage, et le juge le remettait à son tour entre les mains de l'acheteur. Dans d'autres coutumes (Péronne, art. 264), la forme symbolique avait disparu, et on se contentait d'une reconnaissance faite devant le juge compétent.

Ces formalités se désignaient sous le nom générique de *devoirs* ou *œuvres de loi*, et portaient, suivant les différentes coutumes, les noms spéciaux de *vest et devest, dessaisine-saisine, déshéritance-adhéritance*, etc.; elles étaient nécessaires non-seulement pour le transport de la propriété, mais encore pour l'acquisition de ses démembrements, par exemple, l'emphytéose, les servitudes, l'hypothèque; toutefois l'art. 35 de l'édit de Louis XV du mois de juin 1771, en abrogea l'usage quant à l'hypothèque.

Les œuvres de loi n'étant que la forme légale de la tradition, n'étaient pas de l'essence de la convention, qui, à leur défaut, n'en restait pas moins valable. Seulement, tant qu'ils n'avaient pas eu lieu, l'acquéreur n'était pas saisi de la propriété. Mais il avait une action personnelle pour forcer le vendeur à l'ensaisiner : « Celui, dit Bouteiller, qui vend sa tenure, mais il en retient encore la saisine par devers lui, n'en fait vest à l'acheteur, sçachez qu'il est encore sires de la chose, mais toutefois, il peut être contraint à faire le verp et adhéritement de la chose (1) ».

Jusqu'ici nous n'apercevons dans toutes ces formalités que le résultat d'une forte empreinte laissée par la féodalité. Mais voici apparaître de nouveau leur côté utile. Suivant la plupart des coutumes, les devoirs de lois doivent être rédigés par écrit, et ils doivent contenir une désignation

---

(1) Somme rurale, liv. 1, chap. 67, p. 397.

exacte de chaque partie de l'héritage vendu (1).
Or, Deheu nous apprend que le but de ces exigences était d'éviter les surprises, de donner à
ceux qui contractent avec quelqu'un le moyen
de connaître ses facultés, et de savoir quels biens
il a aliénés ou hypothéqués (2). C'est dans le
même but que les devoirs de lois doivent être
enregistrés au greffe des juges qui les ont re-
çus (3). Ainsi le prescrivent, pour la Flandre, le
placard de Philippe II du 16 décembre 1586,
l'édit des archiducs Albert et Isabelle; et le placard du 16 septembre 1673, explicatif des deux
précédents, exprime parfaitement le but de ces
prescriptions : « Déclarons et ordonnons.......
qu'aucunes clauses et conditions de fidéicommis,
substitutions, prohibitions d'aliéner, et sembla-
bles charges prescrites et ordonnées par testaments, donations et contrats, comme aussi la
vente des biens, constitutions de rente et toutes
aliénations de biens immeubles, n'auront d'effet
de réalisation *au préjudice des personnes*

. (1) Art. 137 de la coutume d'Amiens, et art. 11 du titre 5
de la coutume de Vermandois.

(2) Merlin, repert., v° devoirs de loi, § 3.

(3) Art. 119 et 120 de la coutume de Vermandois, art. 277
de la coutume de Reims, et art. 145 de la coutume
d'Amiens.

tierces....., si lesdites ventes et toutes autres aliénations de biens immeubles, ne soient notifiées et enregistrées au premier livre et registres des juges, où tels biens..... sont situés et ressortissants (1). » On le voit clairement, l'enregistrement des œuvres de loi est indispensable pour conférer un droit à l'abri de toute atteinte ; si les œuvres de loi n'ont pas eu lieu, s'ils n'ont pas été enregistrés, l'acquéreur aura bien une action personnelle contre l'autre partie ; mais si celle-ci dans l'intervalle aliène au profit d'un deuxième acquéreur, qui se conforme à la loi, ce dernier deviendra propriétaire incommutable.

Enfin, ce qui prouve que les devoirs de loi n'avaient pas seulement pour but de reconnaître le droit *éminent* du seigneur sur le fonds, c'est que dans certaines coutumes, on y avait soumis les alleux (2). Seulement, la formalité, au lieu de se passer devant le seigneur, ou un officier du seigneur, avait lieu devant deux francs-alloëtiers choisis parmi les propriétaires d'alleux (3).

Comment ne pas voir dans ces précédents l'origine de notre transcription? Supposez accomplie l'innovation introduite plus tard; supposez

____

(1) Merlin, répert., vᵒ nantissement, VIII *in fine.*
(2) Cout. de Hainault, chap. 106, art. 2.
(3) Merlin, répert., vᵒ franc-alloëtier.

qu'à l'époque que nous étudions, la propriété s'acquiert entre les parties par le seul effet de la convention, et la ressemblance entre le nantissement et la transcription sera parfaite.

Quant à la substitution de la transcription à l'enregistrement des œuvres de loi, on sait comment elle s'accomplit. Les œuvres de loi portaient trop l'empreinte de la féodalité pour que la Révolution française les laissât subsister. Mais comme à côté de leur origine suspecte se trouvait un élément utile, la loi du 19 septembre 1790, tout en les abolissant, déclara que la transcription des grosses des contrats d'aliénation en tiendrait lieu, et suffirait, en conséquence, pour consommer les aliénations et constitutions d'hypothèques (art. 3). Cette transcription devait être faite par les greffiers des tribunaux de district de la situation des biens, sur un registre particulier, qui devait être sans frais communiqué aux requérants (art. 4).

Il faut remarquer, du reste, que la loi du 19 septembre n'eut pas une portée générale. Destinée à remplacer le nantissement, l'application en fut restreinte aux pays qui l'avaient pratiqué. Dans le reste de la France, on se contenta, comme auparavant, de la tradition, telle que nous l'avons expliquée plus haut.

De cette espèce de dualisme, résulta la loi du 11 brumaire an VII, qui vint combiner la transcription avec un nouveau principe, qui fut tacitement, sinon expressément consacré par elle : nous voulons parler du principe d'après lequel la propriété passe de l'une des parties à l'autre par le seul effet de la convention. A la vérité, on le considère généralement comme une innovation introduite par l'art. 1138 du code Napoléon ; et il est hors de doute, en effet, que c'est dans ce texte, qu'on trouve, pour la première fois, sa formule législative. Néanmoins, tout nous porte à croire qu'il était tacitement accepté lors de la rédaction de la loi de brumaire. D'abord la règle *dominia rerum*, etc., avait été vivement critiquée par deux jurisconsultes philosophes du XVIIᵉ siècle, Grotius et Puffendorf. Ils ne comprenaient pas en quoi la tradition, fait matériel et externe, était nécessaire pour transférer la propriété, chose essentiellement immatérielle. De plus, cette même règle avait été singulièrement affaiblie par l'usage universellement pratiqué des clauses de constitut, de précaire, de dessaisine-saisine, etc. Se contenter de pareilles clauses pour consommer les aliénations, c'était évidemment donner gain de cause aux idées spiritualistes de Grotius et de Puffendorf. En les acceptant, on n'innovait pas au fond, on ne changeait rien à l'état des choses, sinon qu'on le dégageait de formes devenues inutiles, par cela même qu'elles étaient de style dans tous les contrats.

A eux seuls, ces motifs ne seraient pas suffisants. Nous les avons rappelés surtout pour faire considérer comme possible, l'introduction du principe nouveau, en lui ôtant le caractère d'une innovation hardie, et sans liaison avec le passé. Ce qui détermine notre conviction, ce qui nous montre que ce principe avait déjà triomphé hors de la rédaction de la loi de brumaire, c'est cette phrase, qu'on lit dans le premier rapport au conseil des Cinq-Cents : *La mutation, en ce qui concerne le vendeur et l'acheteur, est parfaite par leur seul consentement mutuel* Dira-t-on que ces mots ne contiennent que l'expression d'une opinion individuelle, et dénuée par conséquent de toute autorité ? Alors, nous invoquons une disposition même de la loi de brumaire. Que dit, en effet, le § 2 de l'art. 26 ? « Les actes translatifs de biens et de droits susceptibles d'hypothèques ne peuvent être opposés aux tiers qui auraient contracté avec le vendeur, et qui se seraient conformés aux dispositions de la présente. » De cet article ressort évidemment la proposition suivante : « Les actes translatifs, etc..... peuvent, même à défaut de transcription, être opposés au vendeur lui-même. » Cela posé, paraphrasons l'article lui-même, et la proposition qu'il contient..... Ne peuvent être opposés....., c'est-à-dire : un premier acheteur, par exemple, qui n'a pas fait transcrire, ne peut *revendiquer*, n'a pas d'*action réelle* contre un deuxième qui est en règle — .... Peuvent être opposés au vendeur....., c'est-à-dire, l'acheteur a contre le vendeur *une action réelle*, la *revendication*. Or, s'il a la revendication, il est donc propriétaire, et il est devenu tel par le seul effet du consentement.

Ce que nous venons de dire explique en partie, comment la loi de brumaire a combiné la transcription avec ce nouveau principe. Faire produire au consentement le même effet qu'à la tradition qu'il venait remplacer, et qu'il rendait inutile, c'est-à-dire lui donner la puissance de conférer un droit de propriété absolu, opposable à tous, c'eût été entourer les aliénations d'une clandestinité nuisible au crédit et à l'intérêt publics. Les pratiques suivies dans les pays de nantissement avaient montré tous les avantages que peut retirer la propriété de la publicité qui l'accompagne. Pour satisfaire à ces exigences, que fit-on? On admit implicitement la règle, qui faisait du consentement seul la condition des aliénations ; mais, on en restreignit la portée : le consentement transféra la propriété *inter partes* ; mais, pour qu'elle pût être opposée aux tiers, il fallût qu'un signe public, la transcription, vînt les avertir de la mutation qui avait eu lieu.

Telles étaient les prescriptions de la loi du 11 brumaire ; elles ne s'appliquaient du reste, qu'aux actes translatifs de biens et droits susceptibles d'hypothèque.

Survint le code Napoléon. Dans le projet élaboré par la section de législation du conseil d'État, se trouvaient deux articles, calqués sur la loi de brumaire. Ces deux articles disparurent, on ne trop sait comment, de la rédaction définitive. Toutefois, il resta dans le Code quelques traces fugitives de la transcription (1), qui firent croire à quelques bons esprits qu'elle avait été maintenue. La jurisprudence en décida autrement, et depuis longtemps, il était incontestable, au moins en fait, que le consentement était seul nécessaire pour transférer la propriété à l'égard de tous.

Mais, tout en reconnaissant que c'était là la

____

(1) Articles 2108, 2189, 2198.

véritable pensée du Code, on n'en faisait pas moins des vœux pour le rétablissement d'une formalité dont on avait apprécié l'utilité. La lacune était d'autant plus regrettable et bizarre, que le Code s'était, pour ainsi dire, donné un démenti à lui-même, en maintenant la transcription pour les donations et les substitutions. Aussi, lors de l'enquête ouverte en 1841, par M. Martin du Nord, alors garde des sceaux, sur les réformes à établir dans le système hypothécaire, vingt-deux cours et sept Facultés de droit réclamèrent son rétablissement. En 1850, où un autre projet de réforme fut laborieusement discuté, même unanimité de la part du gouvernement, de l'Assemblée législative et du conseil d'Etat. La loi du 23 mars 1855, dans l'explication de laquelle nous allons entrer, est venue enfin réaliser des vœux si imposants par leur nombre et leur autorité.

LOI DU 23 MARS 1855,

SUR LA TRANSCRIPTION EN MATIERE HYPOTHÉCAIRE.

ARTICLE PREMIER.

Sont transcrits au bureau des hypothèques de la situation des biens :

1° Tout acte entre-vifs translatif de propriété immobilière ou de droits réels susceptibles d'hypothèque ;

2° Tout acte portant renonciation à ces mêmes droits ;

3° Tout jugement qui déclare l'existence d'une convention verbale de la nature ci-dessus exprimée ;

4° Tout jugement d'adjudication autre que celui rendu au profit d'un cohéritier, ou d'un copartageant.

Explication.

§ 1er.

La loi du 23 mars n'a pas soumis à la nécessité de la transcription tous les actes pouvant donner naissance à des transmissions de propriété ou autres droits réels. Il ressort, en effet, des termes du § 1er, que les dévolutions de biens par décès, et les actes déclaratifs de propriété, se trouvent en dehors de ses prescriptions. Toutefois, ce n'est pas sans difficulté qu'ont été admises la plupart de ces restrictions au principe de la publicité qu'elle est venue reproduire, et l'on ne peut se dissimuler, en effet, toute la gravité des motifs qu'on a mis en avant pour les écarter.

En ce qui concerne les transmissions par décès, deux cas sont à considérer : la succession est ou légitime ou testamentaire. Dans le cas de succession légitime, il n'était guère possible, et il n'était pas nécessaire d'exiger la transcription. Ce n'était pas possible, sans porter atteinte à la vieille maxime nationale : *le mort saisit le vif*, sans rompre l'enchaînement régulier des mutations par décès. Ce n'était pas nécessaire; car, d'autres circonstances viennent ici avertir les tiers du changement de propriété. La mort, les déclarations qu'elle oblige à faire, tant à l'officier de l'état civil, qu'au bureau de l'enregistrement, sont autant d'éléments de publicité, qui ont fait considérer la transcription comme surabondante. Aussi a-t-on été d'accord pour l'écarter en cette hypothèse.

Il en a été tout autrement dans le cas de succession testamentaire. C'est qu'en effet, rien ne vient ici mettre les tiers à l'abri de la fraude. Veulent-ils contracter relativement à un bien héréditaire? Ils ne savent qu'une chose, c'est qu'un tel est héritier en vertu des dispositions de la loi. Mais ses droits n'ont-ils pas été restreints ou anéantis? Un testament n'existe-t-il pas, qui lui enlève tout ou partie de l'émolument que la loi lui confère? C'est ce que rien ne peut leur· révéler, et les voilà par conséquent exposés au danger d'une éviction impossible à prévoir et à éviter.

Quelque puissants qu'ils soient, ces motifs n'ont pas trouvé satisfaction auprès du législateur. On a remarqué, d'un côté, que soumettre les testaments à la transcription, c'était sacrifier l'intérêt du légataire au mauvais vouloir, à la mauvaise foi de l'héritier. Le légataire, n'étant pas partie au testament, comme l'acheteur à la vente, il pourra s'écouler un temps très-long, pendant lequel il lui sera impossible de connaître sa qualité. Or, pendant ce délai, faudra-t-il que son droit soit à la merci de l'héritier? Faudra-t-il que l'héritier reste maître de l'en dépouiller par des aliénations frauduleuses? — D'un autre côté, a-t-on dit, on ne peut imposer la transcription au légataire, sans altérer la faculté de tester; c'est, en effet, subordonner l'effet de la volonté des mourants, à l'accomplissement d'une formalité posthume; c'est leur enlever la certitude que les biens iront à ceux auxquels ils ont voulu les transmettre (1).

Une discussion du même genre s'éleva relativement aux partages. Le projet présenté en 1850, à l'Assemblée législative par le gouvernement et le conseil d'État, et même la rédaction primitive de notre loi, les soumettait à la nécessité de la transcription. Mais, ni l'Assemblée législative en 1850, ni le Corps législatif en 1855, ne crurent nécessaire de les faire rentrer sous l'application du nouveau principe. En effet, la transcription ne serait d'aucune utilité pour les créanciers de la suc-

______

(1) Rapport de M. de Belleyme.

cession, qui peuvent conserver leurs droits, nonobstant tout partage. L'intérêt ne commence que pour les créanciers de l'un des cohéritiers, et dans le cas où ils auraient pris inscription avant la transcription du partage. Mais encore, ont-ils un autre moyen de sauvegarder leurs droits. Il leur est fourni par l'art. 882 du code Napoléon, qui leur donne la faculté d'intervenir au partage et d'empêcher qu'il ne soit fait en dehors de leur présence. Sans doute, c'est seulement par suite d'une fiction que le partage est déclaratif de propriété. « Mais cette fiction n'en est pas moins la base des règles et des effets du partage, et la changer eût été porter le trouble dans les dispositions du Code (1) ».

Après avoir ainsi limité l'étendue de la loi, entrons plus profondément dans son explication. Doivent être transcrits, selon le § 1er, tous actes translatifs de propriété immobilière, ou de droits réels susceptibles d'hypothèques. Deux conditions sont donc nécessaires pour qu'on soit obligé de recourir à la transcription; il faut : 1° qu'il s'agisse de propriété immobilière, ou de droits réels susceptibles d'hypo-

---

(1) Rapport de M. de Belleyme.

thèque, 2° que l'acte intervenu entre les parties soit un acte translatif.

1° — Propriété immobilière et droits réels susceptibles d'hypothèque.

Sous la dénomination de propriété immobilière, il ne faut pas comprendre seulement la propriété ordinaire, la propriété du dessus et du dessous ; mais encore : 1° les mines, concédées en vertu de la loi du 21 avril 1810, et autres propriétés souterraines (art. 553 du code Napoléon) ; 2° la propriété superficiaire, telle que les divers étages d'une maison (art. 664) ; les constructions élevées sur un terrain ou un cours d'eau du domaine public ; 3° les actions immobilières de la Banque de France, et de la Compagnie des canaux d'Orléans et de Loing (art. 7, décret du 16 janvier 1808 ; — art. 13, décret du 16 mars 1810).

Quant aux droits réels susceptibles d'hypothèque, on serait, ce nous semble, fort embarrassé d'en citer d'autres que l'usufruit. A la vérité, une jurisprudence constante attribue ce caractère à l'emphytéose. Mais, nous ne sommes pas moins convaincu de la personnalité du droit de l'emphytéote. Ce n'est pas ici le lieu de reproduire les arguments si concluants et si décisifs de MM. Valette et Demolombe (1). Nous devons seulement tirer les conséquences de leur système.

Or, l'emphytéose a été constituée à temps ou à perpétuité. Dans le premier cas, ce sera un simple bail, qui, à ce titre, rentrera sous l'application du § 4 de l'art. 2 ; l'emphytéose ne devra être transcrite que quand elle excédera 18 années. — Dans le deuxième cas, une sous-distinction est nécessaire :

Ou bien le concédant a entendu transférer la propriété au concessionnaire, à la charge d'une certaine redevance ; et alors l'opération est une vente, moyennant une créance mobilière, essentiellement rachetable aux termes de l'art. 530 (2); donc, elle devra être transcrite pour pouvoir être opposée aux tiers ;

Ou bien, l'intention des parties n'a pas été de transférer la propriété ; et alors, comme dans le premier cas, la convention n'engendre qu'un droit personnel, qu'un bail d'une durée plus longue que les baux ordinaires. Ce bail devra

---

(1) M. Valette, *des hypothèques* t. 1, p. 198. — M. Demolombe, *distinction des biens*, nos 485 à 492.

(2) Cassat., 15 décembre 1824. — Dev. 1825, 1, 96.

être transcrit sans doute, mais, en vertu du § 4 de l'art. 2, et non en vertu du § 1er de l'art. 1er.

D'après la jurisprudence, au contraire, l'emphytéose tombe toujours sous l'application de ce dernier paragraphe.

2° — Actes translatifs de propriété immobilière ou autres droits réels susceptibles d'hypothèque.

De tous les actes translatifs, la vente est, sans contredit, le plus important, à raison de son emploi journalier dans les transactions de l'homme. Aussi est-ce celui qui fournira le cas d'application le plus fréquent de la loi nouvelle. D'après les prescriptions de cette loi, la vente ne pourra donc être opposée aux tiers, qu'autant qu'elle aura été transcrite; d'où il suit que de deux acquéreurs successifs, celui qui sera préféré, sera celui qui aura le premier fait transcrire. Tant que la transcription n'aura pas eu lieu, le vendeur restera maître de disposer valablement de la chose, ou de la grever de charges qui en diminueront la valeur. La transcription seule déterminera le moment à partir duquel il ne pourra plus conférer de droit sur elle. Mais, il faut bien remarquer que, ce droit de disposition, le vendeur ne le conserve que vis-à-vis des tiers.

Entre les parties, le consentement continue à produire les effets que le Code lui attribue, c'est-à-dire qu'à l'instant même et par toute sa puissance, il transfère le droit de propriété. Que la logique ne trouve pas son compte dans une combinaison qui permet de disposer d'un droit que l'on n'a plus, c'est ce qu'il serait difficile de nier. L'esprit ne saisit que fort mal cette distinction entre la propriété absolue et la propriété relative, et il s'accommoderait mieux d'un système qui ferait remonter à une même cause le désinvestissement à l'égard de tous. Mais ce sont là des considérations plus spéculatives que pratiques, et, au point de vue de la pratique, la loi, telle qu'elle existe, satisfait à toutes les exigences.

Donc la vente devra être transcrite pour pouvoir être opposée aux tiers, et cela, que la vente soit conditionnelle, ou pure et simple. La vente conditionnelle, en effet, transfère un droit de la même nature (2125). Or, ce droit est tel, que si la condition vient à s'accomplir, il sera censé avoir été pur et simple *ab origine* (1179). Donc la transcription nécessaire pour la vente pure et simple est également indispensable pour la vente conditionnelle. De là il suit, qu'une fois la condition réalisée, l'effet de la vente, au regard des tiers, remontera au jour du contrat, s'il a été transcrit le jour même; au jour de la transcription, s'il n'a été transcrit que plus tard.

Il n'y aura qu'un cas, où la vente échappera à la nécessité de la transcription : ce sera, lorsqu'elle servira à déguiser un partage, lorsqu'elle aura pour but et pour effet de faire cesser l'indivision : elle ne sera plus alors qu'un acte déclaratif, et nous avons déjà vu que ces sortes d'actes étaient dispensés de la formalité.

Après la vente, vient l'échange. Au sujet de ce contrat, nous n'avons à nous poser qu'une question. Faut-il qu'il soit transcrit sur la tête des deux co-permutants? C'est ce que soutient un des interprètes de la loi nouvelle (1), et c'est le vœu qu'avait émis une cour d'appel, lors de l'enquête de 1841. Mais, l'opinion contraire ne nous paraît pas moins certaine. Quel est, en effet, le but de la transcription ? C'est d'indiquer l'état de la fortune immobilière des personnes avec qui l'on contracte. Or, à quoi servirait, dans l'espèce, une double transcription? Est-ce que une transcription unique du contrat d'échange n'avertit pas les tiers de la double mutation qui a eu lieu? — Mais, si le double emploi de la for-

____

(1) M. Lemarcis, n° III.

malité n'est pas nécessaire à raison des personnes, il peut être rendu tel, à raison des immeubles. Si, en effet, les immeubles échangés sont situés dans deux bureaux différents, il est clair que la transcription doit être faite dans les deux.

Un acte qui se rapproche beaucoup de la vente, et qui, à ce titre, devra être transcrit, est la dation en paiement. *Hujusmodi contractus vicem venditionis obtinet,* dit la loi 4 *de evictionibus;* et cette assimilation nous est encore indiquée par l'art. 1595 du Code, qui considère comme des exceptions au principe général, d'après lequel les ventes sont prohibées entre époux, les trois cas de dation en paiement qu'il énumère. Donc, dans ces trois cas, il devra y avoir transcription, pour que la dation en paiement puisse être opposée aux tiers. Il en sera de même, lorsque la femme, après la dissolution de la communauté, exercera ses reprises sur les immeubles personnels du mari, ainsi que le lui permet l'article 1472.

Mais que décider dans le cas où ses reprises porteront sur les immeubles de la communauté? La solution dépend évidemment de celle qu'on donnera à la question, si controversée dans ces derniers temps, de la nature des reprises de la femme. Si, avec la cour de cassation, on décide que la femme exerce ses reprises à titre de propriétaire, la transcription ne sera jamais nécessaire, puisqu'il n'y aura jamais transmission de la propriété. Si, comme nous le croyons, il y a lieu de distinguer entre le cas d'acceptation et celui de renonciation, la femme étant co-propriétaire dans le premier, simple créancière dans le second, il s'ensuivra que la transcription ne sera obligatoire, que dans le cas de renonciation.

Sera également transcrite la convention entre associés, d'après laquelle des immeubles seraient destinés à tomber dans la société. Certaine, en ce qui concerne les sociétés commerciales, cette solution doit également être appliquée aux sociétés civiles, quelle que soit l'opinion que l'on se fasse sur leur véritable caractère, et ne les considèrerait-on pas comme constituant un être moral, une personne civile. Même dans ce système, il y a translation de propriété, les autres associés acquérant un droit indivis sur l'immeuble apporté par l'associé propriétaire.

La transaction, en principe, n'est pas soumise à la nécessité de la transcription. La transaction, en effet, ne confère aucun droit nouveau. Elle a un caractère purement déclaratif, toutes les fois qu'elle ne porte que sur la chose con-

testée qui en forme l'objet. Mais il peut se faire
que, pour arriver à accommodement, les parties
ou l'une d'elles fassent l'abandon d'un droit qui
leur appartient en propre. Par exemple, l'une,
pour éviter les prétentions de l'autre sur la maison A, cède à celle-ci son immeuble de tel en-
droit, au sujet duquel aucune contestation n'est
engagée. La transaction sera translative quant
à cet immeuble, et par conséquent elle devra
être transcrite.

On a soulevé la question de savoir si la
clause d'ameublissement devait être soumise à
la transcription. Il nous paraît certain, que la
clause d'ameublissement déterminé a tous les
caractères d'un acte translatif. L'art. 1507 ne
doit, selon nous, laisser aucun doute sur ce point.
Puisque l'effet de cette clause est de rendre la
communauté propriétaire, il faut bien que l'é-
poux de qui procède l'ameublissement cesse de
l'être ; et nous ne voyons pas de raison suffisante
pour distinguer, comme l'ont fait MM. Rivière et
Huguet, entre le cas, où l'ameublissement
émane de la femme, et celui où il émane du mari.
Dans ce dernier cas, le mari conserve sans doute
un droit fort étendu sur l'immeuble, puisqu'il
peut en disposer à sa guise, si ce n'est par donation. Mais ce droit, il l'exerce simplement

comme administrateur de la communauté, et non comme propriétaire. — Donc, d'après ces principes, la clause d'ameublissement devrait être transcrite, et c'est aussi ce que décident MM. Rivière et Huguet, pour le cas où l'ameublissement procède de la femme.

Mais M. Troplong, tout en reconnaissant qu'il y a translation de la propriété, que l'ameublissement émane du mari ou de la femme, pense qu'ici la transcription serait plus nuisible qu'utile. En effet, dit-il, supposons que l'ameublissement a été fait par le mari. Primus s'est marié le 1er mars 1856, il a ameubli l'immeuble A (1). Mais, dans le mois de janvier de la même année, il avait consenti une servitude sur le même immeuble au profit de Secundus. Au premier mars, Secundus n'avait pas fait transcrire son contrat, et Primus s'empresse de faire transcrire son pacte d'ameublissement. Que va-t-il arriver? Secundus, à la vérité, ne pourra exercer sa servitude à l'encontre de la communauté. Mais, Primus sera par cela même tenu de dom-

---

(1) M. Troplong a, par mégarde, mal construit son hypothèse. Il parle de l'ameublissement déterminé, et il suppose que l'immeuble A a été ameubli jusqu'à concurrence de 20,000 fr. La comparaison de son n° 65 avec le n° 67, fait toucher son erreur du doigt.

mages-intérêts envers lui. Or, cette dette est antérieure au mariage, et tombe par conséquent sans récompense, à la charge de la communauté. Donc, la communauté ne profitera pas en réalité de la transcription. Bien plus, la transcription lui sera nuisible; car, à son défaut, la communauté aurait subi une éviction, pour laquelle elle aurait eu recours contre le mari.

Nous ne voyons rien que de très-logique dans le raisonnement que fait M. Troplong sur l'hypothèse qu'il a choisie. Mais, cette hypothèse n'est pas la seule qu'on puisse faire, et l'on peut en trouver d'autres, ce nous semble, au moins quand l'ameublissement procède de la femme, dans lesquelles la transcription sera d'une utilité incontestable (1).

Quant à l'ameublissement indéterminé, la nature particulière du droit qu'il confère, nous paraît devoir le dispenser de la transcription.

---

(1) Supposez, par exemple, que la femme autorisée de son mari, a soutenu un procès qu'elle a perdu; du jugement résultera une hypothèque judiciaire qui frappera sur tous ses immeubles. Or, si cette hypothèque est inscrite antérieurement à la transcription de l'ameublissement, elle portera évidemment sur l'immeuble, objet de cette clause. Nous ne pensons même pas que la communauté eût, dans ce cas, recours contre la femme.

Toutefois, ce point ne nous paraît pas à l'abri de toute difficulté.

Enfin, on s'est demandé si l'on devait transcrire les contrats de mariage, qui attribuent, soit à la communauté, sous le régime de communauté, soit au mari, sous le régime d'exclusion de communauté, et sous le régime dotal, la jouissance des propres de la femme. Si cette jouissance était en tout point semblable à l'usufruit ordinaire, la solution affirmative ne serait pas douteuse. Mais n'en diffère-t-elle pas en un point essentiel ? Ce droit de jouissance est-il un droit susceptible d'hypothèque? Nous ne sachions pas qu'on l'ait jamais prétendu. Donc, il ne tombe pas sous l'application de notre paragraphe. On a dit, à la vérité, que si l'usufruit une fois transmis à la communauté ou au mari, n'est pas susceptible d'hypothèque, il en est autrement en le considérant dans les mains de la femme. Or, ajoute-t-on, pour savoir si un droit est soumis à la transcription, il faut le considérer relativement à celui qui le transmet, et non par rapport à la personne à laquelle il est transmis (1). Cet argument n'est pas nouveau; on y avait déjà recours avant la

---

(1) MM. Rivière et Huguet, quest. 19.

loi nouvelle pour soutenir qu'on devait transcrire les donations de servitudes. Mais n'est-ce
pas une pure subtilité? Et pour savoir si tel
droit transmis, a telle nature, n'est-il pas clair
qu'il faut le considérer pendant ou après sa
transmission, et non avant? N'est-il pas évident qu'il ne peut se qualifier que par sa séparation d'avec le droit du propriétaire qui transmet? S'il en était autrement, et s'il était vrai
que pour savoir si un droit est sujet à transcription, il faut le considérer par rapport au
transmettant, quel serait donc le droit qui en
serait dispensé? Les transmissions de propriété
devant toujours être transcrites et celui qui
transmet étant propriétaire, il est clair que
toute affectation par lui faite de ses immeubles,
quelle qu'en fût la nature, devrait, d'après ce
raisonnement, être soumise à la transcription,
d'après le § 1ᵉʳ de l'art. 1ᵉʳ. Sans doute, nous
ne nions pas l'utilité de la transcription en
pareil cas; mais avant tout il s'agit d'interpréter la loi. Or, son texte ne nous paraît pas
pouvoir se prêter à l'extension qu'on veut lui
donner ici.

Du reste, si l'on adopte l'opinion contraire, il
suffira de faire transcrire la partie du contrat
qui donne naissance au droit de jouissance. La

transcription du contrat tout entier, outre qu'elle serait inutile, pourrait présenter de véritables dangers pour les familles.

§ 2.

Les actes par lesquels on renonce à des droits immobiliers ou susceptibles d'hypothèque, ne sont pas moins utiles à connaître que les actes qui investissent de ces mêmes droits. Les renonciations ne sont, en définitive, que des aliénations d'une nature, ou plutôt d'une forme particulière. A ce titre, elles devaient rentrer sous l'application de la loi nouvelle.

Mais quelle que soit la généralité des termes de notre paragraphe, nous ne pensons pas que toute renonciation doive être soumise à la formalité. Et d'abord, il nous paraît évident que si la renonciation était faite dans un testament, elle devrait en être dispensée. A la vérité, le § 1er est le seul dans lequel soit énoncée la qualification d'actes entre vifs, et c'est un reproche que M. Duclos faisait à la rédaction de la loi, lors de la discussion au Corps législatif. Mais M. de Belleyme fit remarquer que le texte des deux premiers articles dans leur ensemble, ne permettait pas de supposer qu'ils pussent s'appliquer à autre chose qu'à des actes entre vifs.

Ensuite, nous avons déjà vu que les actes translatifs sont les seuls qui soient assujettis à la transcription. Donc, toute renonciation qui n'aura pas ce caractère, n'aura pas besoin d'être transcrite; telles sont les renonciations à une succession, ou à la communauté. Ces actes, en effet, ne *transfèrent* aucun droit, soit à l'héritier subséquent, soit au mari, dans le sens propre du mot. Par l'effet de la renonciation, l'héritier est censé n'avoir jamais été tel ; la femme est censée n'avoir jamais été commune ; et les droits de l'héritier subséquent dans un cas, du mari dans l'autre, ont leur source dans la loi, et non pas dans une attribution faite par les renonçants.

La décision nous paraît devoir être la même dans le cas de renonciation à un legs, malgré l'art. 711. C'est que la propriété n'a été transférée au légataire qu'à la condition que la disposition ne serait pas caduque. Si le légataire la rend telle par la renonciation, il n'a rien recueilli ; il n'a donc rien transmis, et le legs est attribué à l'héritier, non pas en vertu de la renonciation, mais en vertu de son droit héréditaire (1).

---

(1) Dumoulin, glos. 1, n° 174. — Cassat., 9 juin 1806. — 1re série, 2me vol., 1re partie.

Enfin, il en est de même de la renonciation à la prescription. Par sa renonciation, le prescrivant ne fait que reconnaître le droit de celui contre lequel la prescription s'était accomplie. Il ne transmet rien; il ne transfère rien; car, il n'était propriétaire qu'à la condition d'invoquer un bénéfice auquel il a renoncé.

En un mot, parmi les actes de renonciation, on ne doit transcrire que ceux qui transfèrent un droit de la nature indiquée par le § 1ᵉʳ de l'art 1ᵉʳ.

§ 3.

Les jugements, en principe, ne sont pas soumis à la nécessité de la transcription. Le motif en est le même que celui qui en a fait dispenser les partages; c'est que généralement les jugements ne sont pas attributifs de droits nouveaux; ils ne font que confirmer des prétentions qui ont leur base dans un acte préexistant, lequel a dû être transcrit. Mais, il peut se faire que la transcription de cet acte n'ait pas eu lieu; il se peut que les parties, confiantes dans leur bonne foi réciproque, n'aient pas constaté leurs conventions par écrit. Or, si plus tard des contestations s'élèvent, et si un jugement vient les terminer, ce jugement tiendra lieu d'acte aux parties, et il sera transcrit comme celui-ci aurait dû l'être.

§ 4.

Les motifs que nous avons énoncés au précédent paragraphe, et qui dispensent les jugements ordinaires de la formalité de la transcription, ne se rencontrent pas lorsqu'il s'agit d'un jugement d'adjudication. Les droits de l'adjudicataire ne remontent, en effet, qu'au jugement ; il les puise dans ce jugement, comme l'acheteur puise les siens dans son contrat de vente ; et dès lors, cet adjudicataire doit faire transcrire son jugement, comme l'acheteur fait transcrire son contrat.

Mais, une exception était nécessaire pour le cas où le jugement serait rendu au profit d'un cohéritier ou d'un copartageant. Le jugement, en pareille hypothèse, a tous les caractères d'un partage, et c'est avec raison dès lors que la loi a soumis à la même règle des actes produisant les mêmes effets.

Si on interprétait judaïquement les termes de notre paragraphe, on devrait soumettre à la transcription le jugement d'adjudication rendu au profit d'un tiers détenteur, dont les offres à fin de purge n'ont pas été acceptées, et. l'art. 2189 du code Napoléon se trouverait ainsi abrogé. Mais, nous aimons bien mieux croire que la loi nouvelle restitue son autorité à ce texte, en lui donnant sa raison d'être. La loi du 23 mars, est venue reproduire la pensée de la loi de brumaire, qui devait passer dans le Code, et par conséquent, on reste dans son esprit, quand on comble ses lacunes par des emprunts faits à une législation qui devait la précéder.

Nous sommes si loin de considérer comme abrogé l'art. 2189, que nous n'hésitons pas à étendre ces dispositions, au cas où l'héritier bénéficiaire conserve les biens héréditaires, vendus à sa requête, ou sur la poursuite des créanciers. Il y a, en effet, analogie complète entre les deux situations. Le jugement n'est pas plus translatif dans un cas que dans l'autre ; dans les deux cas, il ne fait que déterminer la somme dont l'adjudicataire sera débiteur. L'héritier bénéficiaire, malgré sa qualité, n'en demeure pas moins propriétaire des biens du défunt. Il tient ces droits de la loi, et non du jugement, qui ne fait que les rendre définitifs (1). Donc ce jugement ne devra pas être transcrit.

---

(1) Dumoulin, § 43, glos. 1, n° 143.— Cassation, 1ᵉʳ février 1830. — Div., 1ʳᵉ série, 9ᵐᵉ vol., I, 144.

Quant aux jugements d'expropriation pour cause d'utilité publique, M. Cabantous (1) a clairement démontré qu'ils ne rentraient pas sous l'application de la loi nouvelle. Sans s'arrêter aux différences profondes qui séparent les jugements d'expropriation des jugements d'adjudication, il est suffisant de faire remarquer que la publicité qu'on voudrait donner aux premiers, en les soumettant à la transcription, leur est assurée par une loi spéciale, la loi du 3 mai 1841. Or les lois générales ne dérogent pas aux lois spéciales.

ARTICLE 2.

Sont également transcrits :

1° Tout acte constitutif d'antichrèse, de servitude, d'usage et d'habitation ;

2° Tout acte portant renonciation à ces mêmes droits ;

3° Tout jugement qui en déclare l'existence en vertu d'une convention verbale ;

4° Les baux d'une durée de plus de 18 années ;

5° Tout acte ou jugement constatant, même

---

(1) Revue de législat., t. vii, 1855, p. 98.

pour bail de moindre durée, quittance ou cession d'une somme équivalente à trois années de loyers ou fermages non échus.

Explication.

En soumettant à la transcription les droits énumérés dans cet article, la loi nouvelle est entrée dans un système de publicité beaucoup plus large que celui de la loi de brumaire. Elle a ainsi comblé une lacune qui eût été regrettable. Car ces différents droits ne sont pas moins utiles à connaître que les droits immobiliers, ou susceptibles d'hypothèques.

La similitude de rédaction qui existe entre l'art. 1er et l'art. 2, nous dispense d'entrer ici dans les détails, au moins en ce qui concerne les trois premiers paragraphes. Les explications que nous avons données au sujet de l'art. 1er, s'appliqueront à l'art. 2. Il serait donc superflu de les rappeler.

Nous n'avons qu'une remarque à faire, à propos du paragraphe 2; parfaitement raisonnable en ce qui concerne l'antichrèse, et les servitudes, sa disposition ne se conçoit guère relativement à l'usage et à l'habitation. Quels seront donc les tiers qui se trouveront lésés par l'ignorance de cette renonciation? Ces sortes de droits ne pouvant être ni cédés, ni hypothéqués, la renonciation qui y est faite, ne peut profiter qu'à ceux qui contracteront avec le nu-propriétaire ; elle est indifférente à ceux qui contractent avec l'usager.

§ 4.

Ici la loi nouvelle fait invasion dans le domaine des droits personnels. Le bail, en effet, est généralement considéré, et avec beaucoup de raison, selon nous, comme engendrant un droit purement personnel. Mais son caractère de personnalité ne devait pas le faire dispenser de la transcription. Car, le bail, quand il est constaté par un acte authentique, ou par un acte sous seing privé ayant date certaine, est opposable au tiers acquéreur de l'immeuble. Il apporte donc des entraves à la libre circulation de la propriété. D'un autre côté, il peut faire subir une dépréciation au gage des créanciers du bailleur, en les privant pendant un temps plus ou moins long des revenus de la chose. Il était donc nécessaire de le soumettre au régime de la publicité. Toutefois, cette nécessité ne se faisait impérieusement sentir qu'en ce qui concerne les baux d'une durée fort longue, et dès lors toute la difficulté consistait à déterminer la limite au delà de laquelle les baux ne seraient pas opposables, à défaut de transcription. Après quelques hésitations, on la fixa à 18 ans. Au-dessous de ce chiffre, le bail continuera comme par le passé, à pouvoir être opposé aux tiers sans transcription (1).

La loi ne parle ni des cessions de baux, ni des sous-locations; et son silence nous autorise par conséquent à les considérer comme en dehors de ses prescriptions. Du reste, il n'y avait pas de motif pour les soumettre au système de la publicité. En y assujettissant les baux de longue durée, le but de la loi a été de protéger la propriété et le crédit foncier. Or, qu'importe à un acheteur, à un créancier hypothécaire, que l'immeuble soit occupé par le preneur, ou par une autre personne à laquelle celui-ci aurait cédé tout ou partie de ses droits ?

---

(1) La manière dont M. Troplong justifie notre paragraphe nous semble singulière. Les baux, dit-il en substance, engendrent toujours un droit réel ; et de plus, au-dessus de 18 ans, *ils constituent un démembrement de la propriété.* Voilà pourquoi ils ont été soumis à la transcription quand ils dépassent cette durée. — **N° 116.**

§ 5.

Il est possible que le propriétaire ait reçu les loyers ou fermages par avance. Or, ce paiement anticipé peut devenir la source de fraudes et de surprises. D'un côté, l'acheteur, le créancier hypothécaire vont se trouver privés des fruits de la chose, pour tout le temps que représente la somme payée par anticipation. D'un autre côté, le bailleur a pu perdre ou dissiper cette somme, et devenir insolvable de manière à rendre tout recours contre lui inefficace. De là, un danger inévitable, qui se représente aussi dans le cas de cession; c'est pour y obvier, que le § 5 soumet à la transcription tout acte ou jugement constatant, même pour bail au-dessous de dix-huit ans, quittance ou cession d'une somme équivalente à trois années de loyers ou fermages non échus.

Nous avons parcouru la série des actes soumis à la transcription. Avant de passer à l'art. 3, il nous reste à faire remarquer que cette formalité s'applique aussi bien aux actes sous seing privé qu'aux actes authentiques. Toutefois, ce point fut gravement discuté au sein de la commission, et deux autres systèmes avaient été proposés : l'un, qui aurait obligé à déposer les actes sous seing privé dans l'étude d'un notaire, préalablement à leur transcription ; l'autre, plus radical, qui n'aurait admis à la transcription que les actes notariés.

Les adversaires de la transcription des actes sous seing privé disaient, que ces sortes d'actes renferment souvent des obscurités, des fautes, des irrégularités ; que la transcription qui en serait faite, malgré leurs vices, leur donnerait une apparence de valeur de nature à faire illusion, et à tromper les tiers; que l'on pourrait même faire transcrire des actes faux, etc., etc.

Le premier système a été écarté par les considérations suivantes : de deux choses l'une :

Ou bien, le notaire sera chargé, sous sa responsabilité, d'examiner, de rectifier les actes qu'on lui confie ; et dès lors on en arrive à exiger que les actes sous seing privé soient convertis en actes authentiques, avant d'être transcrits ; ce n'est plus un simple dépôt, c'est l'authentication des actes sous seing privé que l'on réclame ;

Ou bien le notaire sera forcé de recevoir ces actes aveuglément, sans examen ; et dès lors le dépôt n'aura plus rien de sérieux ; il n'offrira plus qu'une apparence de garantie sans utilité réelle.

Restait le deuxième système. On l'a repoussé, en disant que l'on s'exagérait outre mesure les inconvénients des actes sous seing privé; que l'emploi journalier qui en est fait depuis le Code, ne révélait pas les abus qu'on leur reprochait; que la transcription à laquelle ils seraient soumis, n'ajouterait rien à la possibilité qui a toujours existé de faire des actes faux, ou de détruire les vrais. Enfin, on a justement remarqué, que proscrire la transcription des actes sous seing privé, serait porter une atteinte des plus graves à la facilité et à la liberté des transactions (1).

ARTICLE 3.

Jusqu'à la transcription, les droits résultant des actes et jugements énoncés aux articles précédents, ne peuvent être opposés aux tiers qui ont des droits sur l'immeuble, et qui les ont conservés en se conformant aux lois.

Les baux qui n'ont pas été transcrits ne peuvent jamais leur être opposés pour une durée de plus de dix-huit ans.

Explication.

Nous l'avons déjà dit, la loi nouvelle n'a rien

---

(1) Rapport de M. de Belleyme.

changé aux dispositions du Code en ce qui concerne la translation de propriété *inter partes*. C'est au regard des tiers seulement que la transcription est nécessaire pour désinvestir absolument l'aliénateur, et le rendre inhabile à conférer de nouveaux droits sur la chose. Ces droits, quoique postérieurs par la date de leur constitution, s'ils sont antérieurs par celle de leur transcription, se trouvent confirmés par elle, et daus la même hypothèse, ceux du titulaire primitif sont inévitablement sacrifiés. Ce n'est pas à dire pourtant que les règles du code Napoléon, d'après lesquelles le consentement seul transfère la propriété à l'égard de tous, ne recevront jamais plus leur application. Elles conserveront leur autorité vis-à-vis des personnes qui ne peuvent pas se prévaloir du défaut de transcription. Parmi elles se trouvent les héritiers *ab intestat*, et les autres successeurs universels du défunt. Tenus des mêmes obligations, ils ne peuvent, pas plus que lui, critiquer l'opération, sous prétexte qu'elle n'a pas été transcrite. Si on donnait effet à leur demande, ils seraient condamnés à des dommages-intérêts. Or, c'est ici le cas d'appliquer la règle : *quem de evictione tenet actio, eumdem agentem repellit exceptio.*

La même décision s'applique, mais par

des motifs différents, aux créanciers chirographaires. C'est précisément pour écarter leurs prétentions que l'art. 3 a été rédigé tel qu'il est
aujourd'hui. La remarque en fut faite par
M. de Belleyme en son rapport. Les créanciers
chirographaires, en effet, *n'ont pas de droit
sur l'immeuble*. Donc, ils ne peuvent opposer le défaut de transcription. Donc les aliénations consenties par leur débiteur continueront à être valables, bien qu'elles n'aient pas été
transcrites. C'était à eux d'exiger une garantie
plus sûre que leur simple titre de créanciers.
Auraient-ils même frappé de saisie l'immeuble
aliéné, et leur saisie aurait-elle été transcrite
avant la transcription du contrat d'aliénation,
que la demande en distraction de l'acquéreur
n'en serait pas moins admise, conformément aux
art. 725 et 726 du code de procédure civile ; car
la saisie n'attribue aux créanciers aucun droit
sur l'immeuble.

Mais faisons une autre hypothèse. Un com-
merçant, après avoir vendu un immeuble à une
époque où il en avait la capacité, est tombé en
faillite, et le jugement déclaratif est intervenu
avant la transcription du contrat par l'acquéreur. Les créanciers de la masse doivent-ils subir cette aliénation, ou sont-ils fondés à la con-

sidérer comme non avenue? Sur cette question, trois opinions se trouvent en présence. Et d'abord rappelons qu'aux termes de l'art. 490 du code de commerce, le jugement déclaratif donne naissance, au profit de la masse, à une hypothèque sur tous les immeubles du failli, hypothèque qui doit être inscrite à la diligence des syndics. Or, d'après une première opinion, l'acquéreur, malgré le défaut de transcription, pourrait, à toute époque, même après l'inscription de l'hypothèque au profit de la masse, revendiquer l'immeuble aliéné (1). Selon d'autres (2), il conserverait ce pouvoir après le jugement déclaratif, mais jusqu'à l'inscription de l'hypothèque seulement. D'après une troisième opinion (3), il devrait être repoussé, par cela seul qu'il n'a pas transcrit avant le jugement déclaratif. — De ces trois opinions, la première doit tout d'abord être éliminée; à partir de l'inscription, en effet, les créanciers ont acquis un droit réel sur tous les immeubles du failli, et il nous sem-

---

(1) M. Mourlon, *append. à l'exam. crit. de M. Troplong,* n° 343, note.

(2) MM. Rivière et Huguet, quest. 25. — M. Coin-Delisle, art. 894 du code Nap., n° 14.

(3) M. Zachariæ t. v, p. 329, et MM. Aubry et Rau, note 18. —M. Troplong, donations, n° 1162, et transcription, n° 148.

ble évident que leurs droits ne peuvent être rendus inefficaces par une transcription postérieure à leur inscription. Mais entre les deux autres partis, le choix nous paraît fort difficile, car, si avec les partisans de la deuxième opinion on peut dire, que jusqu'à l'inscription de l'hypothèque, les créanciers de la faillite n'ont acquis aucun droit sur l'immeuble ; que conséquemment, ils ne se trouvent pas dans la catégorie des personnes qui peuvent opposer le défaut de transcription ; on peut répondre, avec les défenseurs de la troisième, que notre question doit se résoudre d'après les principes du code de commerce ; que le jugement déclaratif est le moment où se déterminent les droits des créanciers ; qu'à partir de cette époque le failli se trouve dessaisi de l'administration de ses biens, qui sont placés sous la main de la justice pour être réalisés au profit de la masse ; qu'en cet état, ils sont frappés d'indisponibilité, le principe de l'aliénation remontât-il à une époque antérieure, si bien qu'aux termes de l'art. 448 du code de commerce, il n'est pas permis d'inscrire après le jugement déclaratif des priviléges ou des hypothèques acquis antérieurement. — C'est en définitive à ce dernier parti que nous nous rattachons.

Les principes du code Napoléon continuent également à s'appliquer, à l'égard des tiers qui n'ont pas contracté avec l'aliénateur. Par exemple, un acheteur qui n'a pas fait transcrire, pourra, sans crainte d'être repoussé, revendiquer contre un usurpateur, au moins tant que la prescription ne sera pas accomplie.

Enfin, de deux ou plusieurs acquéreurs successifs, dont aucun n'a fait transcrire, sera préféré celui dont l'acte aura le premier acquis date certaine.

En dehors de ces hypothèses et quelques autres analogues, la loi nouvelle se montre avec toute son autorité. Ce n'est pas à dire pourtant que son application ne puisse soulever de difficultés sérieuses. Nous allons passer en revue quelques-unes d'entre elles.

Et d'abord, un donataire qui a fait transcrire, peut-il opposer à un acheteur antérieur, le défaut de transcription de son acte de vente? Quel que soit l'intérêt que puisse inspirer l'acheteur en pareil cas, il ne nous semble guère possible de décider la question en son sens. La loi est formelle dans ses termes : de deux ayants droit successifs de la même personne, elle préfère celui qui, le premier, s'est conformé à ses prescriptions, sans distinguer si l'acte de l'un est à titre onéreux et celui de l'autre à titre gratuit. Or, le donataire a fait transcrire ; l'acheteur ne l'a pas fait, donc le premier doit être préféré au second. Toutefois l'acheteur pourra, selon les circonstances, trouver un remède dans l'art. 1167. Si cette donation a provoqué ou augmenté l'insolvabilité du vendeur, il pourra la faire révoquer en exerçant l'action Paulienne, et cela, quand même le donataire serait de bonne foi.

Si telle est notre solution sur cette espèce, nons ne saurions, sans être illogique, en donner une différente, dans le cas où à la place d'un donataire on supposerait un légataire. Ici l'acheteur sera même exposé à un danger plus considérable ; car, le droit du légataire n'étant pas soumis à transcription , l'acheteur se trouvera dépouillé par le fait seul de la mort de l'auteur commun.

Lors de la discussion de la loi, M. Duclos sollicita vainement une solution pour la question suivante : Lorsqu'on achète un immeuble d'une personne qui n'a pas transcrit, suffit-il de faire transcrire son acte d'acquisition, pour être préféré à un deuxième acquéreur qui tient ses droits du vendeur primitif? Nous croyons qu'il faut distinguer.

Voici d'abord une première hypothèse. Pierre

vend un immeuble à Primus qui ne fait pas transcrire ; quelque temps après, Primus revend à Secundus, qui se borne à faire transcrire son propre contrat. Mais, dans l'intervalle qui s'est écoulé entre la première vente et la deuxième, Pierre a revendu une deuxième fois le même immeuble à Tertius. Seulement, Tertius n'a fait transcrire son contrat qu'après que Secundus a fait transcrire le sien. Qui sera préféré, Secundus ou Tertius ? Si l'on se décidait par les règles d'une logique inexorable, on dirait : Tertius doit être préféré à Primus, puisque Tertius a fait transcrire et que Primus ne l'a pas fait. Or, si Tertius l'emporte sur Primus, il doit également l'emporter sur Secundus, qui ne peut avoir plus de droit que Primus, son auteur.

Malgré l'exactitude d'un pareil raisonnement, on n'est pas moins à peu près d'accord pour le repousser. Voyez, en effet, le caractère des prétentions des deux rivaux : d'un côté, c'est Tertius qui a acheté le premier, qui aurait dû faire transcrire, et qui, au lieu de cela, s'endort dans une négligence blâmable ; — de l'autre côté, c'est Secundus qui a consulté les registres, qui n'a vu ni transcription, ni inscription ; qui, immédiatement après son acquisition, s'est empressé de se mettre en règle avec la loi, d'obéir à ses prescriptions. Il aurait dû faire transcrire le contrat de Primus ? Mais quelle règle lui en faisait une obligation, et qu'importait du reste cette transcription à Tertius ? Que lui importe que ce soit le contrat de Primus ou un autre qui ait été transcrit ? On a transcrit avant lui, voilà l'essentiel. Il a été négligent ; qu'il supporte la peine de sa négligence.

Mais modifions l'hypothèse et supposons que la vente faite par Pierre à Tertius, est postérieure à celle consentie par Primus à Secundus. Comme précédemment, Secundus n'a fait transcrire que son contrat, mais il l'a fait avant que Tertius n'ait transcrit le sien. Tertius sera-t-il encore repoussé dans sa prétention ? Nous ne le pensons pas. Il n'y a pas lieu, ici, à lui reprocher la négligence que nous lui imputions dans l'hypothèse précédente. Les choses se sont passées dans leur ordre régulier ; il a fait transcrire après Secundus, parce qu'il avait acheté après lui. Quand il a acheté, il a consulté les registres. Or, le système de publicité qu'ils servent à organiser, repose exclusivement sur l'indication des noms, prénoms et domiciles des propriétaires d'immeubles. Chacun y a un compte ouvert, sur lequel sont inscrits les actes contenant hypothèque, ou aliénation de ses immeubles. Tertius n'a donc eu à consulter que le compte ouvert à Pierre. Or, il n'a pu voir la vente consentie par Pierre à Primus, puisque cette vente n'a pas été transcrite. Dira-t-on que la transcription du contrat de Secundus suffit pour le renseigner à cet égard? Oui, en supposant qu'il l'aperçoive, et que, du reste, elle contienne la filiation de l'immeuble. Mais, cette indication ne lui fera-t-elle pas le plus souvent défaut ? Il n'est pas obligé de consulter les comptes ouverts à Primus et à Secundus, et par conséquent, s'il y jette les yeux, ce ne peut être que par l'effet d'un heureux hasard. Le hasard doit-il donc être sa seule protection ? Faut-il l'exposer à perdre son prix d'acquisition, parce qu'il n'aura pas eu la chance de tomber sur une transcription, que rien ne l'obligeait à consulter, qu'aucun indice ne lui indiquait comme étant relative à l'immeuble qu'il se propose d'acheter? Nous pensons donc qu'en pareil cas, Tertius devra être préféré à Secundus.

Enfin, une dernière difficulté sur le premier alinéa de notre article, consiste dans la combinaison des principes de la prescription avec la loi nouvelle.

Ecartons d'abord une hypothèse, dont la solution ne saurait être douteuse. Pierre vend un immeuble à Primus, qui ne fait pas transcrire, mais qui possède pendant trente ans. Dans l'intervalle, Pierre revend à Secundus, qui fait transcrire, mais qui ne revendique qu'après les trente ans de possession de Primus. Secundus ne pourra pas évidemment se prévaloir du défaut de transcription. Car, Primus lui répondra que son droit est fondé, non pas sur son titre, mais sur la prescription. Primus doit se trouver dans une position au moins aussi avantageuse que celle d'un usurpateur. Or, celui-ci a incontestablement le droit de repousser Secundus.

Mais, la question devient plus délicate, lorsque, au lieu de se fonder sur la prescription trentenaire, Primus invoque la prescription de dix à vingt ans. Pour notre compte, nous penchons à croire que la prétention de Secundus devra être écoutée. En effet, ce n'est pas dans la prescription seule, c'est aussi dans le titre que se trouve le fondement de l'exception que Primus veut opposer à Secundus. Sans le titre, il ne pourrait invoquer que la prescription de trente ans. Or, du moment où il invoque un titre, il ne peut s'en faire une arme à l'égard des tiers qu'à la condition de l'avoir fait transcrire.

La solution doit-elle être la même, si Secundus, au lieu de revendiquer comme ayant-cause de Pierre, revendique comme propriétaire, en prouvant que Pierre a vendu un bien qui ne lui appartenait pas? Nous le croyons; d'après les coutumes des pays de nantissement, la prescription avec titre ne courait que du jour de l'ensaisinement (1). D'après l'art. 25 de la loi du 11 brumaire, la transcription du jugement d'adjudication, était nécessaire pour que l'adjudicataire pût prescrire par dix à vingt ans. Enfin, d'après l'art. 2181 du code Napoléon, la transcription du titre détermine seule le point de départ de la prescription de l'hypothèque. Et cette opinion n'est-elle pas juste et raisonnable? Faut-il que le propriétaire, Secundus dans l'espèce, se trouve dépouillé par l'effet d'un contrat qu'on lui a laissé ignorer? Aussi, c'est en ce sens que s'est prononcée la cour de Lyon par un arrêt du 17 février 1834 (2).

Des motifs tirés des principes généraux peuvent empêcher qu'on ne puisse opposer le défaut de transcription. Il va sans dire, par exemple, que les personnes chargées de faire faire la transcription, ne pourraient pas arguer de son

---

(1) Ricard, sur Amiens, tit. II, art. 54.

(2) Dev. 35, t. XVIII. — Dans le même sens, Agen, 24 novembre 1842, 432, 177.

inaccomplissement pour conserver un droit par elles acquis postérieurement ; tels seraient le tuteur, chargé de faire transcrire pour le compte du mineur, le mari, pour le compte de la femme, dans le cas où il a l'administration des biens de celle-ci.

Mais, la connaissance qu'une personne aurait eue de la constitution d'un droit antérieur au sien ne l'empêcherait pas de se prévaloir du défaut de transcription. Ainsi l'a jugé la cour de cassation dans un arrêt rendu le 3 thermidor an XIII, par application de la loi de brumaire : « On ne peut accuser de fraude celui qui achète un immeuble, qu'il avait pu savoir déjà vendu à un autre, tant que cette première vente n'est pas transcrite, et conséquemment qu'il n'y a pas eu translation de propriété ; car, il y a pas fraude à profiter d'un avantage offert par la loi, et c'est au premier acquéreur à s'imputer à lui-même, s'il n'a pas usé d'une égale diligence pour faire transcrire son acte. »

C'est assez dire que, si la deuxième aliénation a été la suite d'un concert frauduleux, la décision doit être différente. La fraude ne doit pas trouver de protection dans la loi. C'est aussi ce qui a été déclaré dans l'exposé des motifs : « S'il avait été fait, par le même propriétaire, deux ou plusieurs aliénations du même immeuble ou des mêmes droits réels, celle qui aurait été transcrite la première exclurait toutes les autres, *à moins que celui qui le premier a rempli cette formalité n'eût participé à la fraude*.

Passons au deuxième aliéna de l'art. 3. Nous avons déjà vu que les baux non transcrits n'étaient opposables que pour une durée de dix-huit ans, quelle que soit du reste leur étendue conventionnelle. Mais à partir de quelle époque se compteront ces dix-huit ans, et comment se fera la réduction? La multiplicité des opinions qu'on a déjà émises à cet égard, fait voir tout l'intérêt qu'il y avait à poser une règle, ainsi que l'avait demandé M. Duclos. Pour rendre nos explications plus claires, faisons une hypothèse : Pierre, le 1ᵉʳ janvier 1855 a loué, par acte authentique, son immeuble à Primus, pour trente-six ans. Primus ne fait pas transcrire. Le 1ᵉʳ janvier 1856, Pierre vend le même immeuble à Secundus, qui fait transcrire le 1ᵉʳ février de la même année. A partir de quelle époque courront les dix-huit années de bail, opposables à Secundus? Est-ce du 1ᵉʳ janvier 1855, jour du bail? du 1ᵉʳ janvier 1856, jour de la vente? ou du 1ᵉʳ février, jour de la transcription? Les trois opinions sont soutenues. Quant à nous, nous croyons que le parti le plus sage, en l'absence de toute règle à cet égard, est d'appliquer l'art. 1429 du code Napoléon, qui statue sur un cas analogue. Nous déciderons donc que les dix-huit ans courront à partir du jour où l'acte a acquis date certaine, c'est-à-dire, dans notre espèce, à partir du 1er janvier 1855. Par suite, Secundus n'aura à subir qu'un bail de dix-sept ans. Cette décision nous paraît, du reste, conforme à l'équité. Décider que les dix-huit ans ne courront que du jour de la vente, ou de la transcription, ce serait sacrifier les intérêts d'un acquéreur diligent à l'incurie et à la négligence du preneur.

Nous venons de supposer que le bail était déjà consenti quand est intervenue la transcription d'un acte constitutif d'un droit sur l'immeuble loué. Mais, l'hypothèse contraire peut parfaitement se présenter. Ainsi, Pierre consent sur son immeuble une hypothèque à Primus, que celui-ci fait inscrire. Postérieurement, il loue le même immeuble à Secundus pour trente-six ans. Quel sera l'effet de ce bail vis-à-vis de Primus? Cette question a été également soulevée par M. Duclos, lors de la discussion, et personne n'y répondit que M. Allart, en disant qu'il lui paraissait évident que le bail ne pouvait avoir aucun effet contre Primus. Or, rien n'est moins évident, au contraire, que cette allégation de M. Allart. De ce que j'hypothèque mon immeuble, il ne s'ensuit nullement que je m'enlève le droit de le louer. Ce serait par trop restreindre les droits du propriétaire que de lui interdire un acte d'administration qui peut être pour lui le mode de jouissance le plus commode et le plus profitable. Donc, reste cette seule alternative : le bail sera-t-il opposable pour dix-huit ans, ou pour toute sa durée. Nous n'hésitons pas à adopter le premier avis, avec MM. Troplong, Mourlou et Duvergier. « Des baux de plus de dix-huit ans seraient faits, dit ce dernier auteur, ils auraient date certaine, ils seraient notariés ; mais on négligerait de les transcrire ; le propriétaire emprunterait et donnerait hypothèque sur les biens affermés, le prêteur prendrait inscription avant la transcription des baux ; ces baux, quoique antérieurs à l'hypothèque, ne pourraient être opposés au créancier hypothécaire, c'est la loi elle-même qui le dit ; il n'y a pas de discussion possible à cet égard. Il est bien évident *à fortiori*, que, si l'inscription hypothécaire est antérieure non-seulement à la transcription des baux, mais même à leur date, ces baux ne peuvent être opposés au créancier (1). »

----

(1) Note sur l'art. 3 de la loi du 23 mars. — *Contrà*, Rivière et Huguet, quest. 32.

Nous ajouterons qu'en pareille hypothèse, la question de transcription du bail est complétement indifférente. Qu'il soit transcrit ou qu'il ne le soit pas, la solution doit être la même. Car du moment que la transcription du bail est postérieure à l'inscription de l'hypothèque, son effet se trouve paralysé; c'est comme si elle n'existait pas.

La même décision s'applique aux quittances de loyers, payés par anticipation, postérieurement à une inscription hypothécaire. Elles sont opposables pour trois ans, mais pour trois ans seulement.

ARTICLE 4.

Tout jugement prononçant la résolution, nullité ou rescision d'un acte transcrit, doit, dans le mois à dater du jour où il a acquis l'autorité de la chose jugée, être mentionné en marge de la transcription faite sur le registre.

L'avoué qui a obtenu le jugement, est tenu, sous peine de 100 fr. d'amende, de faire opérer cette mention, en remettant un bordereau rédigé et signé par lui au conservateur, qui lui en donne récépissé.

Explication.

La transcription ne produit qu'un effet : c'est de faire prévaloir les droits qui sont publics, sur ceux qui ne le sont pas ; elle ne saurait purifier le titre des vices qui l'altèrent. Si donc le titre est annulable ou résoluble, la transcription qui en aura été faite, n'en empêchera nullement la nullité ou la résolution. Or, les jugements qui les prononcent, bien qu'ils modifient l'état de la fortune des parties, ne sont pas assujettis à la formalité, car ce sont des actes purement déclaratifs. Pourtant, il importait aux tiers de connaître le nouvel état de choses résultant du jugement. Il leur importait de savoir que tel bien était sorti du patrimoine de l'une des parties pour rentrer rétroactivement dans les mains de l'autre. L'art. 4 satisfait à ces exigences, en prescrivant la mention du jugement en marge de la transcription de l'acte annulé ou résolu.

Les commentateurs de la loi nouvelle sont divisés sur l'étendue d'application de notre article. Ses dispositions s'appliquent-elles aux résolutions de plein droit, comme à celles qui sont prononcées par le juge ? embrassent-elles les titres nuls, comme les titres annulables ? Pour la négative, on dit que les cas de nullité absolue, de résolution de plein droit ne rentrent pas dans les termes de la loi; qu'en pareille hypothèse, la nullité, la résolution ne sont pas *prononcées*, mais *constatées* ; que, du reste, on se trouve en présence d'une disposition pénale, qu'on ne peut étendre par analogie.

Tout en reconnaissant à ces objections un certain caractère de gravité, il nous semble plus raisonnable d'admettre l'opinion contraire. D'abord l'utilité de la loi se fait aussi bien sentir quand la résolution est de plein droit, que quand elle est prononcée par la justice, quand le titre est nul, que lorsqu'il est simplement annulable. L'intérêt des tiers n'est pas moins grand dans un cas que dans l'autre. Or, *ubi eadem ratio, ibi idem jus*. Et puis, il ne nous semble pas exact de repousser cette assimilation sous prétexte qu'il s'agit d'une disposition pénale. L'art. 4 contient deux règles distinctes, ou plutôt une règle, et la sanction de cette règle. Or, n'est-il pas illogique de limiter la règle, sous prétexte que sa sanction serait trop étendue ? N'est-il pas clair que la question de sanction est complétement subordonnée à l'application de la règle? En d'autres termes, c'est l'étendue de la règle, qui fixe l'étendue de la sanction, et non l'étendue de la sanction qui détermine celle de la règle. Si donc on reconnaît *à priori* que la règle s'applique, ce n'est pas une question de sanction, qui pourra, *à posteriori*, la faire repousser.

On admet généralement que notre article est applicable aux jugements prononçant la résolution ou nullité des actes à titre gratuit. La seule raison de douter peut se tirer du dernier alinéa de l'art. 11, d'après lequel il n'est point dérogé aux dispositions du code Napoléon, relatives à la transcription des actes portant donation. Mais on a remarqué avec raison, qu'il ne s'agissait pas ici de la transcription d'une donation, mais bien de la mention du jugement qui en prononce la nullité ou la résolution.

Toutefois, la révocation d'une donation pour cause de survenance d'enfant se trouve régie, non par notre art. 4, mais par l'art. 958 du Code, qui ordonne d'inscrire l'extrait de la demande en révocation, en marge de la transcription de la donation.

Quant au délai dans lequel la mention doit être faite, il est clairement indiqué par l'article. Elle doit avoir lieu dans le mois à dater du jour où le jugement a acquis l'autorité de la chose jugée, c'est-à-dire dans le mois à dater du jour où il n'est plus susceptible d'opposition ou d'appel. Ce jugement serait-il sous le coup d'un pourvoi en cassation, ou d'une requête civile, que la mention ne devrait pas moins en être faite. — Mais, qu'arrivera-t-il si le jugement ou l'arrêt est cassé, et si la Cour impériale devant laquelle l'affaire est envoyée, statue autrement que la première ? Qu'arrivera-t-il s'il est rétracté sur requête civile ? Faudra-t-il mentionner les jugements nouveaux ? Faudra-t-il rayer les mentions anciennes ? Les derniers jugements ne seront pas mentionnés; car, l'art. 4 n'impose pas cette obligation aux avoués, en pareil cas. Quant aux mentions primitives, elles pourront être rayées, à la requête du bénéficiaire du dernier jugement. Il requerra cette radiation comme il requerrait la radiation d'une hypothèque. Mais, l'avoué n'est encore assujetti à aucune obligation à cet égard. Il n'est donc soumis à aucune responsabilité.

Dans le cas où cette mention est requise, elle se fait à la diligence de l'avoué de première instance ou d'appel, suivant que la décision est un jugement ou un arrêt. Il remet, à cet effet, un bordereau rédigé et signé par lui, au conservateur qui lui en donne récépissé. Si l'avoué faillit à son devoir, il est puni d'une amende de 100 fr. C'est ainsi que le législateur a cru devoir assurer l'exécution de la loi. Mais, il ne faudrait pas croire que le défaut de mention peut autoriser les tiers à prétendre que le jugement ne leur est pas opposable. La mention n'est plus, comme la transcription, une règle de l'inobservation de laquelle ils puissent se prévaloir. Elle constitue simplement un renseignement utile, dont ils profiteront quand il existera. A son défaut, le jugement n'en produira pas moins ses effets vis-à-vis de tous les ayants droit de l'autre partie, qu'ils soient postérieurs ou antérieurs. C'est ce qui a été déclaré en ces termes, dans l'exposé des motifs : « La mesure imposée par l'article 5 (art. 4 de la loi) est un avertissement utile à donner aux tiers, que la transcription d'un acte pourrait tromper sur son existence apparente. Cependant, *comme aucun péril ne menace le bénéficiaire du jugement*, il fallait assurer l'exécution de la mesure par une pénalité contre l'officier ministériel qui négligerait de donner cette publicité. »

100 fr. d'amende contre l'avoué, voilà donc la sanction unique de l'article ; et nous ne croyons pas même que les tiers, quel que fût le préjudice qu'on leur ait causé, fussent admis à réclamer des dommages-intérêts. L'officier ministériel n'est pas leur mandataire. Il n'a de comptes à régler qu'avec la loi. Or, il est quitte avec elle, du moment où il a payé son amende.

ARTICLE 5.

Le conservateur lorsqu'il en est requis, délivre, sous sa responsabilité, l'état spécial ou général des transcriptions et mentions prescrites par les articles précédents.

Explication.

Les registres des conservateurs sont des tables ouvertes à tous. Toute personne qui veut connaître la position de celui avec lequel elle a intention de traiter, a le droit de les consulter, et de se faire délivrer un état général ou *spécial* des transcriptions ou mentions. Par l'addition du mot *état spécial,* on a voulu faire comprendre, dit M. de Belleyme en son rapport, que l'on a la faculté de désigner au conservateur, la transcription dont on désire avoir la copie, à l'exclusion de toutes les autres qui auraient pu avoir lieu relativement au même immeuble....... Le conservateur ne pourra donc obliger les parties à lever toujours un état général.

Les conservateurs ne peuvent, en aucun cas, refuser ou retarder la délivrance de l'état requis, sous peine de dommages-intérêts des parties (art. 2199 C. N.).

Si des erreurs se glissent dans l'état qu'ils délivrent, ils en sont responsables, à moins qu'elles ne proviennent de désignations insuffisantes qui ne pourraient leur être imputées (art. 2197).

Ils sont responsables envers ceux à qui ces erreurs ont été nuisibles. Par exemple, est-ce la transcription d'une venté qui a été omise? Le conservateur devra des dommages-intérêts à la personne, qui, sur la foi de l'état négatif, aura acheté de l'ancien propriétaire et lui aura payé son prix. Elle seule, en effet, se trouve lésée par sa négligence. Le droit du premier acquéreur est à l'abri de toute atteinte, par cela seul que son titre est transcrit. Il en est différemment, à la vérité, quand le conservateur, dans ses certificats, a omis une inscription hypothécaire. L'art. 2198 décide que l'immeuble à l'égard duquel cette omission a eu lieu, demeure affranchi de l'hypothèque entre les mains du tiers possesseur, pourvu qu'il ait requis le certificat depuis la transcription de son titre. Mais, c'est là une disposition exceptionnelle qu'il n'est pas permis de généraliser.

ART. 6.

A partir de la transcription, les créanciers privilégiés ou ayant hypothèque aux termes des art. 2123, 2127 et 2128 du code Napoléon, ne peuvent prendre utilement inscription sur le précédent propriétaire.

Néanmoins le vendeur ou le co-partageant peuvent utilement inscrire les priviléges à eux conférés par les art. 2108 et 2109 du code Napoléon, dans les quarante-cinq jours de l'acte de vente ou de partage, nonobstant toute transcription d'actes faits dans ce délai.

Les art. 834 et 835 du code de procédure sont abrogés.

Explication.

L'art. 6 détermine l'effet de la transcription relativement aux priviléges et hypothèques non inscrits, provenant du précédent propriétaire. A cet égard, la législation a traversé deux autres phases distinctes, qu'il est essentiel de faire connaître.

Sous le code Napoléon, et par interprétation de l'art. 2166, l'aliénation seule suffisait pour purger l'immeuble des charges qui n'avaient pas été rendues publiques, au moment où elle avait eu lieu. Il ne pouvait en être autrement. Du moment où l'on décidait que la transcription de la loi de brumaire n'avait pas été conservée, que le consentement par sa toute-puissance transférait la propriété à l'égard de tous, il s'ensuivait naturellement qu'à partir de l'aliénation, les créanciers du précédent propriétaire ne pouvaient plus utilement inscrire leurs priviléges ou hypothèques. Une seule exception avait été admise à ce principe, en faveur des femmes mariées, des mineurs et des interdits. Ces personnes jouissaient d'un délai de deux mois pour inscrire leur hypothèque légale, lequel délai ne commençait à courir que du jour où l'acquéreur avait rempli certaines formalités dont parle l'art. 2194.

Autant un pareil système favorisait le dégrèvement de la propriété foncière, autant il était nuisible à l'intérêt des créanciers. Il suffisait d'une aliénation subitement faite par leur débiteur, pour les priver irrévocablement de tout ou partie de leur gage. D'un autre côté, ce système faisant disparaître la nécessité de la transcription, l'État se trouvait privé des revenus assez importants provenant des droits auxquels elle était soumise. Ce fut surtout à cette préoccupation fiscale, que les articles 834 et 835 du code de procédure civile durent leur origine. D'après le premier de ces articles, les créanciers non inscrits au moment de l'aliénation, pouvaient prendre inscription, non-seulement jusqu'à la transcription, mais encore pendant les quinze jours qui suivaient l'accomplissement de cette formalité. Toutefois, cet article n'eut pas une portée générale. D'une part, il ne régissait pas l'hypothèque légale des femmes mariées, des mineurs et des interdits. Il ne renvoyait pas, en effet, à l'art. 2121, relatif à cette hypothèque, comme il renvoyait aux art. 2123, 2127 et 2128, ayant trait aux hypothèques judiciaires et conventionnelles. Les incapables continuèrent donc à jouir, pour prendre inscription, des délais impartis par l'art. 2194 du code Napoléon. Quant aux hypothèques légales du légataire, de l'Etat, des communes et des établissements publics, on s'accordait généralement pour les faire rentrer sous l'application de l'art. 834. — D'autre part, le code de procédure avait laissé de côté les ventes sur saisie immobilière. Quant à elles, la publicité résultant de la saisie, avertissait suffisamment les créanciers de l'aliénation qui allait s'opérer; ils devaient donc s'inscrire, pour conserver leurs droits, avant le jugement d'adjudication.

Voilà, en résumé, les innovations introduites par le code de procédure. Elles favorisaient l'intérêt des créanciers, en prolongeant les délais pendant lesquels ils pouvaient utilement s'inscrire. Mais, cette faveur ne pouvait être maintenue par le législateur de 1855, sous peine de troubler l'harmonie du système qu'il venait reproduire. De même que la transcription d'une vente, par exemple, paralyse l'effet d'une autre vente, peut-être antérieure en date, de même cette transcription devait frapper d'impuissance les priviléges et hypothèques non inscrits au moment où elle a été faite. Pourtant ce ne fut pas sans difficulté que fut adopté notre article 6, prononçant l'abrogation de l'art. 834. On lira avec le plus grand fruit la discussion savante et approfondie dont ce point fut l'objet au sein du Corps législatif. Nous nous bornons à faire cette simple observation : Un créancier hypothécaire et un acquéreur sont en présence. Tous deux ont à remplir une formalité analogue. L'un doit faire inscrire son hypothèque; l'autre doit faire transcrire son contrat. Tous deux, sauf des circonstances exceptionnelles, jouissent, à cet effet, des mêmes facilités. Or, quelle raison y a-t-il d'accorder à l'un un délai que l'on refuse à l'autre? Dès qu'on adopte un principe, il faut en déduire franchement les conséquences. — Du reste, le prêteur a un moyen bien facile d'éviter toute surprise : c'est de déposer les fonds destinés au prêt chez un notaire, qui ne les délivrera à l'emprunteur qu'après s'être assuré que l'hypothèque a été utilement inscrite.

Aussi l'art. 6 finit-il par être adopté, et conséquemment les créanciers ne pourront s'inscrire à l'avenir que jusqu'à la transcription. Mais d'un autre côté, et jusqu'à cette même époque, le vendeur restera maître de consentir de nouvelles hypothèques. A ce point de vue, la position des créanciers se trouve améliorée.

La loi nouvelle, pas plus que le code de procédure, ne porte atteinte aux droits conférés aux incapables par les art. 2194 et 2195. L'art. 6 en effet ne renvoie pas à l'art 2121, relatif à leur hypothèque légale.

L'art. 6 ne comprend pas non plus dans ses renvois, les hypothèques légales du légataire, de l'État et des établissements publics. On sait que l'art. 834 avait gardé le même silence à leur égard, et pourtant on ne les considérait pas moins comme soumises à ses prescriptions. Dès lors il est naturel de les faire rentrer aussi sous l'application de l'art. 6.

Enfin, en ce qui concerne les ventes forcées, ce ne sera plus le jugement d'adjudication qui arrêtera le cours des inscriptions, ce sera la transcription de ce même jugement.

Après avoir posé le principe de la déchéance contre les créanciers en général, l'art. 6 y fait une exception en faveur du vendeur et du co-partageant. Quant à eux, la transcription n'oppose pas une barrière infranchissable à l'inscription de leur privilége. Ils ne sont déchus, que par l'expiration d'un délai de 45 jours, lequel commence à courir, non pas du jour de la transcription, mais du jour même de l'acte de vente ou de partage. Ainsi, alors même qu'il y aurait eu transcription, ils n'en conservent pas moins le droit de s'inscrire dans ce délai.

En ce qui concerne le vendeur, il faut faire une remarque importante. Le deuxième alinéa de l'article ne statue pas sur le cas où le vendeur ne se serait pas inscrit dans les 45 jours de la vente *transcrite*. Loin d'être éteint, en pareille hypothèse, son privilége serait au contraire conservé, aux termes de l'art. 2108 du code Napoléon, dont la loi nouvelle vient faciliter l'intelligence, et qu'elle n'a certes pas voulu abroger (1). Pour se renfermer dans l'esprit de l'art. 6, il faut donc supposer que le vendeur n'a pas inscrit son privilége dans les 45 jours de la vente non transcrite, et que pendant ce délai ou plus tard, l'acquéreur a consenti une revente que le sous-acquéreur a fait transcrire. Prenons un exemple : Primus a vendu, le 1er janvier 1856, l'immeuble B à Secundus. Si Secundus fait transcrire, l'inscription de Primus serait inutile, puisque son privilége se trouve conservé par la transcription (2108). Mais Secundus ne transcrit pas, et le 1er février, il revend l'immeuble à Tertius. Si Primus a inscrit son privilége du 1er janvier au 15 février, il l'aura conservé, nonobstant toute transcription. S'il a laissé passer ce délai de faveur, si, d'un autre côté, il est surpris par la transcription

---

(1) Telle est l'opinion de tous les commentateurs de la loi nouvelle, et elle nous paraît évidente. M. Pont, dans son récent *Commentaire des priviléyes,* va même jusqu'à soutenir, que, *d'après la loi nouvelle,* la transcription du contrat de vente est le seul mode de conservation du privilége du vendeur. C'est une erreur palpable qui a échappé, par mégarde, au savant continuateur de Marcadé. (Voir le n° 263 de son *Commentaire des priviléges.*)

de Tertius, son privilége sera éteint, et l'immeuble en sera affranchi entre les mains de ce dernier.

Au sujet du privilége des co-partageants, on s'est demandé si l'extinction du droit de suite, entraînait la perte du droit de préférence. On sait que le code de procédure leur accordait le droit de se présenter à l'ordre, comme créanciers privilégiés, pourvu qu'ils eussent pris inscription dans les soixante jours à dater de l'acte de partage ou de l'adjudication par licitation. Cette décision s'induisait des derniers mots de l'art. 834 : « Sans préjudice des autres droits résultant aux vendeurs et aux héritiers des art. 2108 et 2109 du code civil. » Or, la raison de douter dans la question que nous nous sommes posée, vient de ce que l'art. 6 qui a remplacé l'art. 834, ne reproduit pas les derniers termes de cet article. Nous n'en pensons pas moins que les co-partageants conservent leur droit de préférence. Ce qu'on a abrogé dans l'art. 834, c'est sa disposition principale, celle d'après laquelle on pouvait s'inscrire dans la quinzaine qui suivait la transcription, en d'autres termes celle qui était relative au droit de suite. Quant au droit de préférence, le législateur de 1855 n'avait pas à s'en occuper. Aussi l'art. 6 y est-il complétement étranger. L'exercice de ce droit ne cause du reste, aucun préjudice au tiers-acquéreur. Pourquoi dès lors en refuser le bénéfice aux co-partageants, lorsqu'ils se sont conformés aux prescriptions de la loi pour le conserver (1) ?

C'est à peu près par les mêmes motifs que nous conservons le droit de préférence aux créanciers privilégiés de l'art. 2104. Les priviléges généraux sur les immeubles sont en effet dispensés d'inscription, quant au droit de préférence par l'art. 2107. L'article 6 de la loi nouvelle n'a rien innové à cet égard, puisqu'il n'est relatif qu'au droit de suite.

De même, cet article ne s'applique pas à la séparation des patrimoines. D'après l'opinion générale, la séparation des patrimoines n'est pas un privilége donnant naissance à un droit de suite. Elle se borne à conférer aux créanciers et légataires, un droit *sui generis* à l'encontre des créanciers de l'héritier. Donc, les créanciers et légataires auront le droit de s'attribuer le prix de l'immeuble, en s'inscrivant dans les six mois de l'ouverture de la succession.

Mais une autre décision doit être donnée en

----

(1) M. Pont, 318.—*Contrà*, MM. Riv. et Huguet, quest. 50.

ce qui concerne les architectes et ouvriers. L'efficacité de leur privilége, tant au point de vue du droit de préférence, qu'au point de vue du droit de suite, est subordonnée à l'accomplissement de la même formalité, qui consiste dans l'inscription d'un double procès-verbal, le procès-verbal de l'état des lieux avant les travaux, et le procès-verbal de réception, après leur exécution. Ceci rappelé, diverses hypothèses peuvent se présenter. Si le premier procès-verbal n'a pas été inscrit avant la transcription de l'acte d'aliénation, le droit de préférence et le droit de suite seront éteints. S'il a été inscrit, et si la transcription a lieu pendant que les travaux sont en voie d'exécution, une distinction nous paraît nécessaire : ou bien les travaux sont interrompus, soit par ordre de l'acquéreur, soit par la volonté de l'entrepreneur ; il est juste en pareil cas, d'accorder à ce dernier la faculté de faire constater l'état des lieux, et de lui laisser exercer son privilége sur la plus-value ; — ou bien les travaux sont continués par l'entrepreneur purement et simplement et sans qu'il requière leur constatation ; par cela seul, il nous semble renoncer à son privilége. Il accepte l'acquéreur pour débiteur unique. Il ne peut donc ni s'opposer au paiement du prix entre les mains du ven-

deur, ni, à plus forte raison, exercer son droit
de suite contre l'acquéreur. — Enfin, si la transcription de l'acte d'aliénation a lieu après l'en-
tière exécution des travaux, mais avant l'inscription du deuxième procès-verbal, nous croyons
que tout dépendra des circonstances. Si la transcription était intervenue à une époque fort rap-
prochée de la fin des travaux, il nous semblerait
injuste de faire encourir la déchéance ; si, au
contraire, l'entrepreneur a eu le temps maté-
riellement nécessaire pour les faire recevoir, et
pour inscrire le procès-verbal de réception, il
n'y a plus de raison pour le protéger.

ARTICLE 7.

L'action résolutoire établie par l'art. 1654 du
code Napoléon, ne peut être exercée après l'extinction du privilége du vendeur, au préjudice
des tiers qui ont acquis des droits sur l'immeuble
du chef de l'acquéreur, et qui se sont conformés
aux lois pour les conserver.

Explication.

Le privilége n'est pas la seule garantie accor-
dée au vendeur pour la sauvegarde de ses droits.

Il jouit en outre de l'action résolutoire que lui confère l'art. 1654, et dont le principe est déposé dans l'art. 1184, pour tous les contrats synallagmatiques. Au moyen de cette action, le vendeur non payé peut reprendre la chose, même entre les mains des tiers acquéreurs, et la faire rentrer dans son patrimoine, libre de toutes les charges consenties depuis la vente. D'après le Code, il jouit de cette faculté, quand même il aurait laissé perdre son privilége. Or, la conservation de cette action n'était soumise à aucune condition de publicité. Rien ne pouvait en révéler l'existence aux tiers qui se trouvaient ainsi dépossédés par son apparition soudaine et imprévue. C'est à cet état de choses qu'est venu remédier la loi du 23 mars. Elle n'a pas supprimé l'action résolutoire ; mais elle a, comme disait M. Rouher, l'auteur premier de la disposition qui nous occupe, subordonné son existence et sa viabilité, à l'existence et à la viabilité du privilége. Le privilége est-il conservé? Les tiers savent en même temps que le vendeur jouit de son action résolutoire. Est-il éteint, au contraire? Ils peuvent contracter sans crainte avec l'acheteur. Ils sont à l'abri de l'action résolutoire. Et il en est ainsi, quelle que soit, du reste, la cause d'extinction du privilége. Soit que le vendeur ne l'ait pas inscrit dans les quarante-cinq jours (art. 6), soit qu'il ait laissé périmer son incription à une époque où il ne peut plus s'inscrire (2146, cod. Nap.), soit qu'il ait donné main-levée; dans tous ces cas et autres analogues, l'action résolutoire est éteinte (1).

Mais, cette extinction ne profitera, ainsi que le dit l'art. 7, qu'*aux tiers qui ont acquis des droits sur l'immeuble*. Par conséquent, l'action résolutoire subsiste, même après la perte du privilége, contre l'acheteur, ses héritiers et ayants cause à titre universel, contre ses créanciers chirographaires, en un mot, comme le dit M. Troplong : « contre toutes personnes dans la position de celles à l'égard desquelles un acheteur a le droit de revendication, sans avoir fait transcrire son titre. »

De même, la disposition de l'art. 7 ne s'applique pas à l'action en répétition de l'immeuble par l'un des co-permutants, ni à l'action en résolution d'une donation pour cause d'inexécution des charges. La raison en est bien simple. D'après cet article, l'extinction du privilége est la cause de l'extinction de l'action résolutoire.

---

(1) Compte-rendu des séances de l'Assemb. législ., année 1850, t. 10, p. 682.

Or, ni le co-échangiste, ni le donateur n'ont de privilége.....

Enfin, les ventes faites par autorité de justice continueront à être régies par les art. 692 et 717 du code de procédure. Aux termes de ces articles, le vendeur, sommé à cet effet, doit, avant l'adjudication, notifier sa demande en résolution au greffe du tribunal où se poursuit la vente. S'il ne l'a pas notifiée, l'immeuble en est affranchi entre les mains de l'adjudicataire.

ARTICLE 8.

Si la veuve, le mineur devenu majeur, l'interdit relevé de l'interdiction, leurs héritiers ou ayants cause, n'ont pas pris inscription dàns l'année qui suit la dissolution du mariage ou la cessation de la tutelle, leur hypothèque ne date à l'égard des tiers, que du jour des inscriptions prises ultérieurement.

Explication.

Nous avons déjà eu occasion de rappeler que le Code n'avait pas soumis au régime de la publicité, l'hypothèque légale des femmes mariées, des mineurs et des interdits. C'était une exception que réclamaient sans doute leur faiblesse et leur incapacité. Mais, depuis longtemps, on avait remarqué avec raison, qu'elle n'avait pas été renfermée dans de justes limites. Cette exception ne cessait pas en effet avec l'état d'incapacité qui la justifiait. La dispense d'inscription continuait à subsister, soit après la dissolution du mariage, soit après la cessation de la tutelle, soit après le jugement prononçant main levée de l'interdiction. C'est cet excès de faveur que la loi nouvelle est venue restreindre. Elle veut que dans l'année qui suit l'époque où ces incapables acquièrent ou recouvrent le libre exercice de leurs droits, leur hypothèque soit inscrite; à défaut de quoi, *elle ne date à l'égard de tiers que du jour des inscriptions prises ultérieurement.*

Mais, il importe de bien déterminer la portée de notre article.

D'abord, en ce qui concerne l'hypothèque des mineurs, il ne s'applique pas, au cas où la tutelle prend fin *ex parte tutoris*. En pareille hypothèse, l'incapacité subsiste; la loi ne doit donc pas retirer sa protection à l'incapable. Du reste, on ne se trouve pas rigoureusement dans les termes de notre article; car alors, ce n'est pas la tutelle qui cesse; c'est simplement la fonction, la gestion du tuteur.

L'art. 8 ne comprend pas non plus le cas où la tutelle prend fin par l'émancipation. L'émanpation restreint les limites de l'incapacité, mais ne la fait pas complétement disparaître. Aussi la loi ne parle-t-elle que du *mineur devenu majeur*.

Ces dernières expressions, *le mineur devenu majeur*, pourraient faire hésiter sur la solution à donner, lorsque la tutelle cesse par la mort du mineur. Nous pensons néanmoins que l'art. 8 est applicable en pareil cas. Il faut moins s'attacher à ces premiers mots de l'article, qu'à ceux plus généraux, de *cessation de la tutelle*, qu'il contient également. Du reste, quel motif y aurait-il donc à protéger ainsi les héritiers du mineur? S'ils sont majeurs, ils peuvent prendre inscription eux-mêmes; s'ils sont mineurs, ils ont un mandataire légal, qui doit la prendre en leur nom.

En ce qui concerne la femme, la séparation de corps ne fait pas naître pour elle, la nécessité de faire inscrire son hypothèque. L'édit de 1673, auquel on peut faire remonter notre disposition, mettait ce cas sur la même ligne que le cas de dissolution du mariage. Le législateur de 1855 a sans doute pensé que la femme, quoique séparée, n'acquérait pas une liberté d'action suffisante pour veiller à ses intérêts.

 Après avoir précisé l'étendue de l'article, voyons-en les effets. Si la femme, le mineur, l'interdit s'inscrivent dans l'année, leur hypothèque conserve le rang qui luï est assigné par l'art. 2135; et cette inscription, ils peuvent la prendre, nonobstant toute transcription faite dans le même délai. Ce n'est pas pour eux qu'a été portée la règle de l'art. 6. Tant que l'année dure, l'inscription ne leur est même d'aucune utilité, puisque l'hypothèque produit son effet à son défaut. Si donc un tiers acquéreur commence la procédure à fin de purge, avant la fin de l'année, il devra observer les formalités prescrites par l'art. 2194; et nous croyons même qu'il ne poura pas se plaindre, si la veuve ou le mineur s'inscrivent dans les deux mois de cet article, ces deux mois seraient-ils en dehors de l'année qui suit la dissolution du mariage, ou la cessation de la tutelle. L'inscription dans l'année, de la part de la femme ou du mineur, ne constitue donc qu'une mesure de précaution pour l'avenir. Si elle n'a pas été prise dans ce délai, et si un tiers acquéreur a fait transcrire son titre d'acquisition, elle ne pourra plus avoir lieu. S'il n'y a pas eu transcription, l'inscription pourra être prise sans doute, mais elle n'aura d'effet qu'à son rang de date contre les autres créanciers hypothécaires ou privilégiés.

ARTICLE 9.

Dans les cas où les femmes peuvent céder leur hypothèque légale ou y renoncer, cette cession ou cette renonciation doit être faite par acte authentique, et les cessionnaires n'en sont saisis à l'égard des tiers, que par l'inscription de cette hypothèque prise à leur profit, ou par la mention de la subrogation en marge de l'inscription préexistante.

Les dates des inscriptions ou mentions déterminent l'ordre dans lequel ceux qui ont obtenu des cessions ou des renonciations, exercent les droits hypothécaires de la femme.

Explication.

On connaît tous les abus qu'entraînait, dans la pratique, la subrogation à l'hypothèque légale de la femme. D'un côté, cette subrogation n'étant entourée d'aucune forme destinée à en prévenir le trop fréquent usage, tendait à rendre illusoire pour la femme le bénéfice de son hypothèque. Le mari, par ses obsessions et son influence, en pouvait facilement faire tourner les avantages au profit de ses revers de fortune ou de ses dissipations. D'un autre côté, cette subrogation n'étant soumise à aucune condition de publicité, la préférence se réglait par ordre de date entre les divers subrogés. Or, rien n'était plus aisé pour la femme, que de se procurer un crédit fictif, en trompant tous ceux qui lui prêtaient à condition de subrogation, dans l'ignorance d'une subrogation antérieure.

Le législateur avait donc deux graves inconvénients à corriger : prévenir l'abus des subrogations, et mettre un terme à des fraudes trop faciles.

Au premier vœu, le législateur a satisfait en exigeant que les cessions d'hypothèques, ou les renonciations de la part de la femme, se fissent par acte authentique. C'est, en effet, à un but de protection qu'il faut attribuer cette disposition de la loi ; la nécessité de recourir à un acte authentique éveille l'attention de la femme ; la présence du notaire, ses conseils, la mettent en garde contre les entraînements de l'affection, les piéges tendus à son inexpérience, ou les décisions arrachées à sa faiblesse. C'est ainsi qu'on motivait la disposition, avant que la loi ne fût faite, et c'est encore ainsi qu'il faut l'expliquer aujourd'hui. Il faut donc considérer comme une pure allégation, ce passage de l'exposé des motifs, dans lequel M. de Belleyme disait : « L'acte de subrogation doit être authentique, parce qu'il doit servir de première base à une inscription, qui ne peut se fonder que sur un acte solennel. » D'abord, ce qui sert de première base à l'inscription, ce n'est pas l'acte de subrogation, mais bien le contrat de mariage. Ensuite, le législateur ne pouvait éprouver de scrupule à laisser prendre inscription, en vertu d'une subrogation par acte sous seing privé, puisqu'il venait d'autoriser la transcription de ces mêmes actes. Et qu'on ne croie que cette remarque est purement doctrinale ; car, si elle est vraie, la conséquence sera que la subrogation par acte sous seing privé sera nulle, même dans les rapports de la femme et du subrogé ; si, au contraire, le motif de M. de Belleyme était juste, la femme ne pourrait pas se prévaloir du défaut d'authenticité, et les tiers même n'en profiteraient qu'au cas où le conservateur refuserait d'inscrire l'hypothèque ou de faire la mention, sur le vu d'une subrogation par acte sous seing privé.

Pour remédier au deuxième inconvénient, la

loi nouvelle ordonne que les subrogés rendent publique leur subrogation, soit par l'inscription de l'hypothèque de la femme prise à leur profit, soit par la mention de la subrogation en marge de l'inscription préexistante (1). Par conséquent, le rang se détermine entre eux, soit par la date de l'inscription, soit par celle de la mention.

Entrons dans les détails. La loi applique ses prescriptions aux cessions d'hypothèque légale, et aux renonciations qui y sont faites. Débarrassons-nous d'abord des renonciations.

On a beaucoup discuté sur le point de savoir, si la renonciation à l'hypothèque était *investitive* ou purement *privative;* en d'autres termes, si son effet était de conférer le bénéfice de l'hypothèque, ou simplement d'en opérer l'extinction. Mais la pratique avait depuis longtemps résolu la question dans le premier sens, et la loi nouvelle a confirmé ses usages. Elle met, en effet, sur la même ligne la *renonciation et la cession;* elle appelle *cessionnaires* ceux au profit desquels la femme a renoncé, et dans le deuxième

---

(1) **M.** Troplong semble exiger dans tous les cas, *et* l'inscription de l'hypothèque, *et* la mention de la subrogation. Si telle est sa pensée, elle est évidemment erronée.

alinéa de l'article, elle dit qu'ils exerceront *leurs droits hypothécaires*... Donc aucun doute n'est possible : la renonciation à l'hypothèque est bien *investitive*.

En ce qui concerne les cessions, les opérations dont l'hypothèque peut être l'objet, dans cet ordre d'idées, sont de trois sortes : on peut, ou bien céder son rang d'antériorité ; ou bien céder sa créance et son hypothèque ; ou bien céder son hypothèque seulement (1).

Reste à savoir si la loi nouvelle comprend chacune de ces trois opérations.

Quant à la cession d'hypothèque, on pouvait concevoir, avant le texte formel de l'art. 5, la possibilité d'une controverse, sur la validité d'une pareille convention. Mais, aujourd'hui aucun doute sérieux ne nous paraît possible. Nous devons le dire pourtant, M. Benech soutient (2) que même d'après la loi nouvelle, l'hypothèque légale ne peut pas être cédée indépendamment de la créance, et pour le prouver, il s'appuie sur les précédents législatifs de notre article. Or, ce

---

(1) Pour les différences qui séparent ces trois genres d'opérations, voir M. Benech : *Du nantissement appliqué aux droits de la femme sur les biens de son mari*, n° **XVI**, et M. Troplong, n°ˢ 324, 25 et 26.

(2) *Loc. cit.*, n° **XXVI** et suivants.

sont ces précédents mêmes qui démontrent l'invraisemblance de son opinion.

Lorsque le projet de révision des lois hypothécaires fut porté devant l'Assemblée législative, l'art. 2139 de ce projet était ainsi conçu : « Le créancier à qui l'hypothèque a été consentie, ses héritiers ou ayants cause, pourront *céder cette hypothèque*, ou son rang d'antériorité, mais seulement par acte authentique. » La commission ne pensa pas qu'il fût permis de céder l'hypothèque, abstraction faite de la créance. Aussi, M. de Vatismenil, son rapporteur, critiqua la disposition du projet, et apporta la rédaction suivante : « Le cessionnaire *de toute créance privilégiée ou hypothécaire*, et la personne valablement subrogée dans ladite créance, exerceront sur l'immeuble, les mêmes droits que le cédant ou subrogeant » (art. 2159 du projet de la commission législative) (1).

Le conseil d'État dirigea la même critique, contre l'article du projet du gouvernement, et aux mots *céder cette hypothèque*, il proposa de substituer ceux-ci : *céder sa créance hypothécaire* (2).

______

(1) Compte-Rendu des séances de l'Assemb. législ., t. VII, annexes, p. 137.

(2) Rapport de M. Bethmont, p. 49 et 53.

L'intention de la commission et du conseil d'État, était donc de proscrire la cession de l'hypothèque, indépendamment de la créance. Or, en 1855, la commission du Corps législatif, avait certainement sous les yeux, les projets de 1850. Or, si elle avait voulu consacrer l'opinion qui avait prévalu à cette époque, elle n'aurait eu qu'à reproduire les termes des articles qui servaient à l'exprimer. Au lieu de cela, que fait-elle? Elle emprunte les expressions du projet du gouvernement, favorables à la cession de l'hypothèque!! Nous n'insistons pas davantage.

Il n'est pas question dans l'art. 9, de la cession du rang d'antériorité. On ne doit pas hésiter pourtant à la considérer comme soumise à ses prescriptions : *ubi eadem ratio, idem jus.*

Quant à la cession de la créance hypothécaire, MM. Rivière et Huguet prétendent qu'elle est soumise, non pas à l'art. 9 de la loi nouvelle, mais à l'art. 1690 du code Napoléon. Nous croyons que MM. Rivière et Huguet n'ont embrassé cette opinion que faute de n'avoir pas tenu compte des précédents de l'art. 9, dont, pourtant, ils ont si bien tiré parti contre M. Benech. Des documents que nous avons rapportés, il résulte, qu'en 1849, on entendait soumettre à la publicité la cession de la créance hypothécaire. Les textes de cette époque expriment clairement cette idée, en même temps qu'ils proscrivent la cession de l'hypothèque. En 1855, on a changé de rédaction, pourquoi ? Est-ce pour laisser les cessions de créance hypothécaire sous l'empire de l'art. 1690? Pour les mettre en dehors des prescriptions de l'art. 9? Evidemment non : on a changé de rédaction simplement pour permettre la cession de l'hypothèque.

Nous avons dit que la femme pouvait se prévaloir du défaut d'authenticité de la cession ou de la renonciation Il n'en est pas de même du défaut d'inscription ou de sanction. L'art. 9 porte expressément que ces formalités ne sont requises que vis-à-vis des tiers. Nous ne croyons même pas que les créanciers hypothécaires du mari, dont le rang est postérieur à celui qu'auraient eu les subrogés, puissent en bénificier. Car, les subrogés disparaissant, la femme reparaîtrait, et comme son hypothèque est dispensée d'inscription, elle serait colloquée avant les créanciers du mari. Donc, ils n'ont pas d'intérêt à invoquer le défaut d'inscription. De là, il résulte, comme le remarque M. Troplong, que l'art. 9 n'a pas de sanction, quand la femme n'a fait qu'une seule cession. Toutefois, la crainte qu'elle n'en fasse d'autres, suffira pour pousser le cessionnaire à l'observation de cet article.

En même temps que la femme renonce à son hypothèque, il arrive souvent que le mari consent une hypothèque conventionnelle. Or, on s'est demandé si l'on pouvait requérir l'inscription de l'hypothèque légale cumulativement avec l'inscription de l'hypothèque conventionnelle ; s'il était nécessaire de présenter deux bordereaux au conservateur, ou s'il suffisait de n'en présenter qu'un. Nous penchons vers ce dernier avis, pourvu toutefois que cette inscription unique contienne les énonciations prescrites par l'art. 2148 pour l'hypothèque conventionnelle, et par l'art. 2153 pour l'hypothèque légale.

ARTICLE 10.

La présente loi est exécutoire à partir du 1er janvier 1856.

ARTICLE XI.

Les art. 1, 2, 3, 4 et 9 ci-dessus ne sont pas applicables aux actes ayant acquis date certaine, et aux jugements rendus avant le 1er janvier 1856.

Leur effet est réglé par la législation sous l'empire de laquelle ils sont intervenus.

Les jugements prononçant la résolution, nullité ou rescision d'un acte non transcrit, mais ayant date certaine avant la même époque, doivent être transcrits conformément à l'art. 4 de la présente loi.

Le vendeur, dont le privilége serait éteint au moment où la présente loi deviendra exécutoire, pourra conserver vis-à-vis des tiers, l'action résolutoire, qui lui appartient aux termes de l'article 1654 du code Napoléon, en faisant inscrire son action au bureau des hypothèques, dans le délai de six mois à partir de la même époque.

L'inscription exigée par l'art. 10 (1), doit être prise dans l'année à compter du jour où la loi devient exécutoire. A défaut d'inscription dans ce délai, l'hypothèque légale ne prendra rang, que du jour où elle est ultérieurement inscrite.

Il n'est point dérogé aux dispositions du code Napoléon, relatives à la transcription des actes portant donation, ou contenant des dispositions à charge de rendre ; elles continueront à recevoir leur exécution.

---

(1) Lisez : 8.

Explication.

A l'exception du dernier aliéna de l'art. 11, les dispositions de ces deux articles sont assez claires par elles-mêmes, pour que nous puissions nous dispenser de donner, sur chacune d'elles, des explications, qui ne seraient qu'une paraphrase inutile.

Au sujet du deuxième alinéa de l'art. 11, nous ferons l'observation suivante : il prévoit le cas, où un jugement prononçant la résolution, nullité ou rescision d'un acte *non transcrit*, mais ayant date certaine avant le 1ᵉʳ janvier 1856, serait rendu postérieurement à la même époque. On ne pouvait, en pareille hypothèse, mentionner le jugement en marge d'une transcription qui n'existe pas. On transcrira donc le jugement lui-même, mais *conformément à l'art.* 4. De ces derniers mots, il résulte que cette transcription devra être faite dans le mois, à dater du jour où le jugement aura acquis l'autorité de la chose jugée; qu'elle aura lieu à la diligence de l'avoué, qui l'aura obtenu, et sous peine de 100 francs d'amende; enfin que les tiers ne pourront pas se prévaloir de son inexistence.

L'art. 11 n'énumère pas l'art. 6, au nombre de ceux dont les dispositions ne sont pas applicables aux actes passés avant le 1ᵉʳ janvier 1856. Donc à partir de cette époque, les créanciers hypothécaires ne pourront plus s'inscrire, s'il y a eu transcription. Toutefois, il nous semble qu'il faut faire, à cet égard, une restriction importante. Supposons d'abord qu'un acte de vente a été passé et transcrit plus de quinze jours avant le 1ᵉʳ janvier 1856; pas de difficulté. Les créanciers ont évidemment été déchus du droit de s'inscrire (834, C. de P.) Mais que décider si la vente passée, par exemple, le 1ᵉʳ décembre 1855, n'a été transcrite que le 25 du même mois ? Les créanciers n'ont-ils pu s'inscrire que jusqu'au 1ᵉʳ janvier 1856 ? Tel n'est pas notre avis; nous pensons que les créanciers, dans l'espèce, ont pu légitimement se prévaloir du délai de quinzaine, imparti par l'art. 834. L'art. 6, à la vérité, a été applicable à partir du 1ᵉʳ janvier 1856, et cet article décide qu'aucune inscription ne peut avoir lieu après la transcription. Mais, la transcription dont il parle, est la transcription de la loi nouvelle, avec les effets radicaux que la loi du 23 mars lui attribue. Or, telle n'est pas la transcription qui a lieu dans notre espèce; celle-ci a eu simplement pour but de faire un appel aux créanciers, pour les inviter à s'inscrire dans la quinzaine. L'apparition du 1er janvier 1856 n'a pu modifier sa nature, et par conséquent, il eût été illogique et injuste de ne pas laisser aux créanciers le bénéfice entier d'une procédure en voie d'exécution (1).

Passons maintenant à l'examen du dernier alinéa de l'art. 11. Ses termes nous paraissent bien clairs et bien formels. Ils veulent dire, selon nous, que la loi nouvelle laisse complétement en dehors de ces prescriptions tout ce qui concerne la matière des donations; qu'elle ne *retranche* ni n'*ajoute* rien aux dispositions du Code; qu'elle doit rester étrangère à toutes les questions qu'il faisait naître, et que ces questions doivent continuer à se résoudre comme par le passé, aucun de leurs éléments n'ayant été ni changé ni modifié. Si simple et si naturelle que paraisse cette explication, elle a pourtant trouvé des contradicteurs; et des auteurs, qui, sous le Code, et en telle hypothèse, n'exigeaient pas la transcription, ont, dans les mêmes circonstances,

---

(1) On comprend suffisamment pourquoi nous parlons au passé. Cette question, en effet, ne peut plus naître aujourd'hui. Seulement la solution peut encore en être débattue devant les tribunaux.

jugé l'accomplissement de cette formalité nécessaire d'après la loi nouvelle. Ce changement d'opinion s'est produit, notamment, en ce qui concerne les donations de servitude, d'usage et d'habitation, et les institutions contractuelles.

Examinons les deux questions séparément. En ce qui touche les donations de servitude, il était assez généralement reconnu qu'elles n'avaient pas besoin d'être transcrites. La dispense d'inscription s'induisait rigoureusement de l'art. 939, qui ne prescrit cette formalité que pour les biens susceptibles d'hypothèques. Est-on autorisé à donner aujourd'hui une autre décision ? Nous le voudrions, mais, nous ne le pensons pas. C'est en vain qu'on prétend que faire aux donations de servitudes l'application de la loi nouvelle, ce n'est pas déroger aux dispositions du code Napoléon, puisque le Code ne contient aucune règle sur ces sortes de donations. Ce raisonnement ne nous paraît qu'une pure subtilité. Sans doute, le Code ne contient aucune disposition positive sur le point qui nous occupe; sans doute, il n'a pas dit en termes exprès que les *donations de servitude sont dispensées de transcription*. Mais, cette décision n'est-elle pas la conséquence d'une disposition *écrite*, du texte de l'art. 939 ? ne déroge-t-on pas dès lors à cet

article, lorsqu'on lui enlève une de ses conséquences, et, d'une façon plus générale, ne
porte-t-on pas atteinte à une règle, aussi bien
lorsqu'on restreint l'étendue que lui donne l'interprétation, que lorsqu'on biffe, d'un trait de
plume, la disposition qui la contient? Nous pensons donc que la loi nouvelle ne doit exercer
aucune influence sur la solution de la question
qui nous occupe.

Les institutions contractuelles étaient aussi
dispensées généralement de la transcription. La
même décision doit encore être donnée, et, en
ce qui les concerne, la démonstration nous paraît encore plus facile. D'abord l'art. 11 nous
fournit toujours le même argument; et puis,
ferait-on abstraction de cet article, qu'on pourrait encore soutenir que, même d'après la loi
nouvelle, l'institution contractuelle ne doit pas
être transcrite. Nous savons, en effet, que les
testaments ont été dispensés de la formalité. Or,
le droit conféré par l'institution contractuelle ne
ressemble-t-il pas, en bien des points, au droit
conféré par testament? N'est-ce pas, dans les
deux cas, un don de succession, *datio succes-
sionis?* Le disposant, dans les deux cas, ne reste-
t-il pas maître de vendre, d'hypothéquer, de
dissiper sa chose? Pourquoi donc ne pas faire

rentrer ces deux actes sous l'empire de la même règle? Et puis, quelle serait l'utilité de la transcription en pareille hypothèse? La transcription ayant pour objet d'arrêter les aliénations totales ou partielles qui interviennent après son accomplissement, elle manquerait évidemment son but, puisque le disposant continue à pouvoir faire, relativement au bien, objet de l'institution, toute sorte de convention à titre onéreux? Elle paralyserait, à la vérité, l'effet des donations ultérieures (1); mais, y aura-t-il donc de si grands inconvénients à faire produire ce résultat à l'institution elle-même., indépendamment de toute transcription?

Se porte-t-on à l'époque de la mort de l'instituant? Veut-on protéger les droits de ceux qui ont contracté avec ses héritiers, dans l'ignorance de l'institution? Mais alors ce n'est plus l'institution elle-même qui rend la transcription nécessaire, c'est la mort du disposant. Or la loi nouvelle n'a pas voulu précisément se préoccuper de cet événement; elle l'a considéré comme n'étant pas de nature à tomber sous son application.

On discutait aussi sur le point de savoir si les donations entre époux devaient être transcrites.

---

(1) Encore est-ce contesté.

Nous pensons que le Code les assujettissait à la formalité. Il est évident qu'aujourd'hui la solution ne saurait être différente.

ARTICLE 12.

Jusqu'à ce qu'une loi spéciale détermine les droits à percevoir, la transcription des actes, ou jugements, qui n'étaient pas soumis à cette formalité avant la présente loi, est faite moyennant le droit fixe d'un franc.

Observation.

Dans les cas où la transcription était nécessaire, avant la loi nouvelle, les droits auxquels elle donne naissance, continueront à être perçus conformément aux lois fiscales antérieures (art. 67, § 7, n° 1 et 54, loi du 22 frimaire an VII, art. 52, loi du 28 avril 1816). L'art. 12 n'embrasse que les actes à l'égard desquels la transcription a été nouvellement exigée. Du reste, le tarif qu'il indique n'est que provisoire ; avant de le régler d'une manière définitive, il fallait attendre qu'on eût fait l'expérience de la loi, qu'on eût recueilli les explications des directeurs de l'enregistrement, et des conservateurs des hypothèques.

POSITIONS.

Droit romain.

I. Pour qu'il y ait tradition réelle, il n'est pas nécessaire qu'il y ait appréhension matérielle de la chose.

II. Les lois 36 *de acquir. rer. dom.*, et 18 *de rebus creditis* sont inconciliables.

III. Il en est de même des lois 9, § 4 *de acq. rer. dom.*, et 63 *de procurat.*

IV. De même des lois 13 *de donat.*, et 37, § 6 *de acq. rer. dominio.*

V. Les choses *nec mancipi* étaient susceptibles du *dominium ex jure quiritium*, et la tradition suffisait pour le transférer.

VI. La tradition existait même à l'époque des Douze-Tables.

Droit français.

I. L'emphythéose n'est pas un droit réel.

II. La transcription du dernier acte d'acquisition, suffit pour donner le droit de repousser l'ayant cause du vendeur primitif, lorsque la date de son contrat est antérieure à la vente transcrite ; lorsqu'elle est postérieure, il est nécessaire de faire transcrire les contrats intermédiaires.

III. La prescription de dix à vingt ans, ne court que du jour de la transcription.

IV. Le co-partageant, qui a perdu son droit de suite, conserve son droit de préférence, s'il prend inscription dans les soixante jours à dater de l'acte de partage.

V. L'art. 9 régit la cession d'hypothèque, la cession du rang d'antériorité, et la cession de la créance hypothécaire.

VI. Les donations de servitudes ne doivent pas être transcrites, même d'après la loi nouvelle.

VII. Même solution pour les institutions contractuelles.

Droit commercial.

Un acquéreur ne peut transcrire son acte d'acquisition après le jugement déclaratif de faillite.

Droit administratif.

Les jugements d'expropriation pour cause d'utilité publique ne sont pas soumis à la loi nouvelle.

Droit pénal.

La tentative d'avortement n'est pas punissable.

Histoire du droit.

I Les fiefs ont une origine germaine.

II. A l'époque mérovingienne, le *mallum* ne se composait pas de tous les hommes libres de la tribu.

Vu par le Président de la thèse,

A. DUVERGER.

Vu par le doyen de la Faculté,

PELLAT.

PERMIS D'IMPRIMER.

Le Vice-Recteur,

CAYX.